Hayata Başka Bak

-Aklın, kalbin, neslin güzelleşsin-

Aliye KAYACAN
İsmet ERDAL
Ömer ASAF

sebe

HAYATA BAŞKA BAK

YAZANLAR:
ALİYE KAYACAN-İSMET ERDAL
ÖMER ASAF

Sebe Yayınları
Yayıncı Sertifikası: 17263
1.Baskı: MART 2020

YAYIN YÖNETMENİ:
Mehmet Ali ARSLAN

EDİTÖR:
Mehmet PEKTAŞ

ISBN:
978-605-06936-2-1

BASKI ve CİLT:

SEBE
BASIM ve DAĞITIM
0553 388 13 15-0533 147 03 21
0533 147 03 10

SEBE YAYINLARI
Basın Yayın ve Dağıtım Merkezi
Şafak Mahallesi 3416 Sok. No: 27
Batman/Merkez
www.mutercimyayinlari.com
sebeyayinlari@gmail.com

YouTube kanalımız: Sebe Kitap Dünyası

İçindekiler

SUNUŞ

Bu kitap bir menzil hedeflemez. Gayesi yolda olmaktır. Yolda olmak, niyet edip doğrulmaktır; bilmek, anlamak, anlamlandırmaktır.

Günümüzde kalpler ve zihinler, yola düşmeden menzilde olduğunu zannedenlerin kanaat ve algılarıyla süslenmiş akla, kalbe ve nesle istikamet vermekten uzak sayısız tasavvurla işgal ediliyor.

Kalpler ve zihinler algı kirliliği yaşıyor. Olgu ve olayları anlama ve anlamlandırmada ciddi sorunlarla karşı karşıya bulunuyoruz. Zihin işlemiyor, muhakeme kayboluyor. Neredeyse hayata tek bir pencereden bakar hâle geldik: Menfaat.

Her şeye bu gözle baktığımızdan zihinler köreldi, kalp hissiyatını kaybetti. Neslin duygudaşlığı ve kardeşliği ağır yaralar aldı.

Menfaat, değer yargısı olunca meşruiyet sınırları değişiyor. Vehimler, şüpheler, zanlar; hakikate perde oluyor, gerçeğin önü kesiliyor.

Okuduklarımızın ve dinlediklerimizin hayatımıza katkı sunabilmesi için mütalaa adı verilen imbikten geçmesi gerekiyor. O imbikten damıtılan bilgi ve değer hayatı farklılaştırır. Aksi ham bilgidir ve pek çok yanlışı içinde barındırır. Ne güzel demişler, "Bin bilsen de bir bilene danış." diye. Akıl var akıldan üstün, tecrübe var tecrübeden öte.

Sözün özü şu ki vakit, kaybettiğimiz irfan kültürü değerlerine kulak verme vaktidir!

Biz o kültürden ilham alarak bugüne üç pencere açtık ve "***Hayata Başka Bak***"tık.

Gördük ki hiçbir şey tek bir pencereden gözüktüğü gibi değil.

Bizimle bir yolculuğa ne dersiniz? Bir pencere de siz açmak istemez misiniz?

Hayatınıza dokunmak umuduyla...

MÜNACAAT

Allah'ım!
Ben her halimi sana bıraktım.
Sen beni,
Kullarının eline bırakma.
Ben senin merhametine sığındım,
Sen beni kullarının insafına bırakma.
Yalnızlığı sevecek kadar,
Bu dünyada çok haksızlık gördüm.
Ne olur sen beni,
İki dünyada da yalnız bırakma.

Allah'ım!
Senden başka hiçbir şeyi olmayan ben,
Senden başka her şeyi olana acırım.

Allah'ım!
Yalnız sana ibadet eder, yalnız sana sığınırım.
Nefis karabasan gibi üstümüze çullanıyor,
Bizi bize bırakma Allah'ım.
Zan, kibir, riya bir ur gibi,
Dirliğimizi birliğimizi tehdit ediyor.

Allah'ım!
Sen bizi kalbin hastalıklarından koru.
İmandan, Kur'an'dan, Habib'inin sünnetinden ayırma.
Bize, ana-babamıza ve bütün Müslümanlara merhamet et.
Sen dualarımızı işiten ve kabul edensin.

SULTÂNIM EFENDİM

Selâm olsun sana cânım efendim
Cihânın nûru sultânım efendim

Garîp gönüllerin serveti sensin
Selâm her derde dermânım efendim

Seninle kurtulur bîçâreler hep
Senin hulkuna hayrânım efendim

Şereftir kul olup kalmak kapında
Yolun tozuna kurbânım efendim

No'lur lutft eyle hâlimiz yamandır
Günâh içinde her ânım efendim

Medet senden sarıldık dâmenine
Gözümde yaşla giryânım Efendim

Yetîmdir ümmetin âhir zamânda
Bükük boynumla nâlânım efendim

Kokun güldür, yüzün nûr, inci sözün
Semâda şems-i tâbânım efendim

Muhammedü'l-Emîn nâmındı senin
Kelâmullah'a burhânım Efendim

Senin sevdâna düşmüş ümmet olmak
Yegâne şöhretim şânım Efendim

Şefâat yâ Resûlullah şefâat
Fakîr hâlimle âyânım Efendim

(Mefâ'îlün mefâ'îlün fe'ûlün)

Mehmet PEKTAŞ

KILAVUZ

Müjdecim, Kurtarıcım, Efendim, Peygamberim;
Sana uymayan ölçü, hayat olsa teperim!

Necip Fazıl Kısakürek

> "Yol gösterici ve yardım edici olarak Rabbin yeter."
>
> **Furkan/35**

Uzun yıllar birlikte yaşayan yörük ve devesi artık iyice yaşlanmıştır. Bir yolculuk esnasında yorulan yörük, dinlenmek için deveyi bir ağaç altına çekerek ıhtırır. Kendi de ağaca sırtını verip uzanır. Hayatı, bir film şeridi gibi gözlerinin önünden geçmeye başlar. Çektiği sıkıntıları devesi ile birlikte katlandığı zorlukları hatırlar. Zamanın nasıl da gelip geçtiğini düşünür. Deve de kendisi de artık hayatın son demlerini yaşamaktadır. Deveye bakarak hüzünlenir ve sayıklamaya başlar:

-"Ey devem! Görüyorum ki ikimiz de yaşlandık. Hayatın sonuna geldik. Seninle bunca yıl birlikte olduk. Benim çok kahrımı çektin. Acı tatlı anlarımız oldu. Er veya geç bir gün Hak vâkî olacak, ikimizden biri bu dünyadan el etek çekip gidecek. Gel seninle helalleşelim. Sana eziyet ettiğim zamanlar oldu. Aç bıraktığım açıkta bıraktığım anlar oldu. Zaman oldu sana haddinden fazla yük yükledim. Gün geldi seni hırpaladım. Ne olur bana hakkını helal et!" Deve dile gelerek yörüğe cevap verir:

-"Ey efendi! Sözlerinde haklısın. Seninle birlikte uzun yıllar yaşadık. Pek çok zorluğu birlikte yendik. Beni aç da bıraktın açıkta da... Bana olmadık eziyetler de ettin. Bana taşıyamayacağım kadar yükler de yükledin. Dövdün, hırpaladın. Bunların hepsi doğrudur. Bunlardan ötürü üzerinde bir hakkım varsa hepsini helal ediyorum. Çünkü benim yaratılış gayem sana hizmet etmektir. Ben bu hizmete lâyık olmak için senin yanında oldum. Ancak bir husus var ki o konuda sana hakkımı helal etmem!" Yörük hayretle:

-"Nedir o?" der. Deve:

-"Bütün yükü ben taşıdığım, bütün eziyetlere ben katlandığım halde beni bir merkebin arkasına bağladın, nereye gittimse beni o götürdü; bana bir merkebi kılavuz ettin, onun için sana hakkımı helal etmiyorum." cevabını verir.

Birinci Pencere:

Bizlere geçimlik bir mekân olarak sunulan bir dünyada yaşıyoruz. Tayin edilen süreyi tamamlayıp buradan ayrılacağız. Önemli olan üç öğünlük ömrü, bulunma gayemize uygun şekilde yaşayıp gitmek; yol göstericileri, yoldaki işaret levhalarını doğru tespit edip o istikamette yol alabilmek. Onun için bir an mola deyip bu yol alışta kendimizle baş başa kalarak yaşadığımız hayata yön veren kılavuzun kim/ler veya ne/ler olduğunu belirlemek gerekmez mi? Göreceğiz ki pek çok şey boş ve anlamsız. Peşine takıldıklarımız, arkasından yürüdüklerimiz bizi gerçeğe götürmüyor. Aksine birçoğu boşluğa ve anlamsızlığa sürüklüyor. Hayatı anlamlı kılmanın ilk ve temel şartı kılavuzun doğru seçilmesidir. Eskiler "Vusulsüzlük usulsüzlüktendir." derlerdi. Yol yordam bilmeyen kılavuzun götüreceği yerde insan ne ile karşılaşacağını bilemez. Yola çıkmadan önce kılavuzun kim olduğunu öğrenmek gerekir (Evvel refik ba'de'l-tarik). Öyleyse hep birlikte soralım: "Kılavuz kim?"

İkinci Pencere:

"Annem!" dedi kız anne olunca,

"Her anımda emeği geçen sendin, ben ise başka sevdalarda eğlendim."

"Ahh!" çekti yüreğinden.

"Neden dedi, görmeyiz kahrımızı çekeni?

Neden her defasında yükümüzü alana yükleriz onca şeyi?

Ve neden cefamızı çekene reva görmeyiz sefayı?"

Uzayıp giderdi hakkını teslim edemediklerimizin adalet sorgulaması.

Anlamıştı kız,

Derdini alan kimse takdiri gören o olmalıydı.

Üçüncü Pencere:

Yola yolcu gerek dostum, yolcuya kılavuz. Kılavuza istikamet, istikamete sebat... Yürüdüğün her yol bir yerde çatallanacak, her yol ayrımından sonra yeni bir yol ayrımı karşılayacak seni. Bir gün ardına baktığında hayatın baştan başa yol ayrımlarıyla dolu olduğunu göreceksin. Koca bir ömürden geriye kalanın sadece doğru tercihler olduğunu anlayacaksın. Yanlışları düzeltmek için geri dönmeye mecalin kalmayacak. Önüne baktığında ise ilk defa yolun dümdüz olduğuna şaşacaksın. Yolun sonunda üzerinde belli belirsiz yazılar bulunan beyaz bir taş göreceksin. Biraz daha yaklaşınca gözlerin yazıları seçecek ve için ürpererek kendi ismini okuyacaksın.

Kılavuzunu doğru seç ki doğru yolu bulasın. Kılavuzunun adımlarını iyi takip etmekle yetinme bastığın yerlerde iyi izler bırakmaya da özen göster. Öyle izler bırak ki peşinden gelenler de seni kılavuz edinsin.

"Ben size iki şey bıraktım, onlara sımsıkı sarılırsanız asla sapıtmazsınız: Allah'ın kitabı ve peygamberinin sünneti."

Hadis-i Şerif

DOĞRU ZAMAN, DOĞRU KİŞİ, DOĞRU İŞ

Bu kubbe altındaki bin bir belayı gör;
Dostlar gideli boşalan dünyayı gör;
Tek soluk yitirme kendini bilmeden;
Bırak yarını, dünü; yaşadığın anı gör.

Ömer Hayyam

"Beni, yarattığım kişiyle baş başa bırak. Ona bol mal ve gözü önünde duran oğullar verdim. Kendisine alabildiğine imkânlar sağladım. Sonra da o, hırsla daha da artırmamı umar."

Müddesir/11-15

Bir zamanlar bir padişahın aklına şöyle bir düşünce geldi: Eğer bir işe ne zaman başlayacağımı, kimi dinleyeceğimi ve yapmam gereken en önemli şeyin ne olduğunu bilseydim, girdiğim her işi başarırdım. Padişah bu düşünceyle ülkenin dört bir yanına adamlar salarak doğru işin ne olduğu, doğru kişinin kim olduğu ve işe başlamak için en uygun zamanın ne olduğu konusunda fikri olanların sarayda toplanmasını emretti. Ülkenin en ünlü âlimleri, düşünürleri toplandılar ve günlerce bu soruların cevabını aradılar.

İlk soruya cevap olarak kimileri günlerin, ayların, yılların yer aldığı bir takvim hazırlamak ve sıkı sıkıya buna uyarak yaşamak gerektiğini söylediler. Kimileri ise her hareketin doğru vaktine önceden karar verilemeyeceğini savunarak kişinin kendisini boş eğlencelere kaptırmadan daha önce yaşanmış olayları izleyerek hayatına yön verebileceğini iddia ettiler. Bazı bilginlerse buna itiraz etti. Geçmişte neler olup bittiğine ne kadar dikkat ederse etsin padişahın her hareket için en uygun vakte karar vermesinin imkânsız olduğunu söylediler. Padişahın, bu konuda kendisine yardım etmek üzere bir bilginler konseyi kurması gerektiğini savundular. Fakat bu defa da başka bilginler itiraz etti. "Bir konseyin önünde beklemeye gelmeyecek bazı acil işler vardır; bu işlerin yapılıp yapılmayacağına ancak tek bir kişi anında karar verebilir. Buna karar vermek içinse neler olacağını önceden bilmek gerekir. Neler olacağını önceden bilenler yalnızca sihirbazlardır. Dolayısıyla her hareketin doğru vaktini bilmek isteyen, sihirbazlara danışmalıdır." dediler.

İkinci soruya da aynı şekilde türlü türlü cevaplar geldi. Padişahın en fazla ihtiyaç duyduğu kişiler bazılarına göre danışmanlar, bazılarına göre din adamları, bir kısmına göre hekimler, daha başka bir kısmına göre ise savaşçılardı.

Üçüncü soruya, yani en önemli işin ne olduğuna gelince bazıları dünyadaki en önemli şeyin bilim olduğunu söyledi. Bir kısmı savaşta ustalaşmak, daha başkaları da ibadet dediler.

Verilen cevapların hiçbiri padişahı tatmin etmedi. Vezirlerinden biri padişaha dağ başında bir dervişin yaşadığını, bu suallere cevap verse verse onun verebileceğini söyledi. Padişah, hemen o dervişin saraya getirilmesini istedi. Ancak vezir bunun doğru olmadığını padişahın bizzat gitmesini hatta oraya padişah olarak değil normal bir insan gibi varmasını tavsiye etti.

Padişah tebdil-i kıyafet ederek yanına aldığı adamlarıyla birlikte dervişin yaşadığı bölgeye gitti. Adamlarını dervişin kulübesinden uzak bir yerde bıraktı, yalnız başına dervişin yanına çıktı.

Padişah yaklaştığında derviş, kulübesinin önüne çiçek tarhları kazıyordu. Geleni gördü, selamını alıp kazmaya devam etti. Derviş, mecalsiz ve zayıf birisiydi; küreğini toprağa her sokuşunda bir parçacık toprak çıkarıyor, soluk soluğa kalıyordu. Padişah dervişin yanına gelip şöyle dedi:

-"Ey bilge derviş, size üç sorunun cevabını almak için geldim: Doğru şeyi doğru zamanda, doğru kişiyle yapmayı nasıl öğrenebilirim?" Derviş, padişahı dinledi ama cevap vermedi. Avuçlarına tükürüp kazmaya devam etti. Padişah:

-"Yoruldunuz siz. Küreği bana verin de biraz dinlenin." dedi.

Derviş, küreği padişaha vererek kenara çekilip ağacın altına oturdu. Padişah iki tarh kazdıktan sonra durup sorularını tekrarladı ancak derviş tek kelime söylemedi. Padişah kazmaya devam etti. Bir saat, iki saat, üç saat daha geçti; vakit akşam olmak üzereydi. Padişah küreği bırakıp sorularını tekrarladı:

-"Ey bilge kişi! Senin yanına sorularıma bir cevap bulmak için geldim. Eğer cevap vermeyeceksen söyle de evime gideyim." Derviş:

-"Birisi koşarak buraya geliyor, dur bakalım kimmiş bir öğrenelim." dedi. Padişah da arkasını döndüğünde bir adamın koşarak kendilerine doğru geldiğini ve karnına bastırdığı ellerinin altından kan sızdığını gördü. Yaralı adam onların yanına ulaşınca kendinden geçti, düşüp bayıldı.

Padişah ve derviş, hemen adamın üstündeki elbiseleri çıkarıp yarasını sardılar. Padişah hekimlik alanında sarayda öğrendiklerini tatbik etti. Adamı kulübeye taşıyıp yatırdılar. Bu arada vakit gece olmuştu. İyice yorulan padişah oracıkta uyuyup kaldı. Sabah olunca yaralı kendine geldi ve gözlerini açtı. Bu sırada padişahın uyandığını ve kendisine baktığını gören adam zayıf bir sesle:

-"Beni affedin." dedi. Padişah:

-"Sizi tanımıyorum, üstelik affedilecek bir şey yapmadınız ki." diye karşılık verdi. Adam:

-"Siz beni tanımıyorsunuz, ama ben sizi tanıyorum. Ben, falan zaman kardeşini astırdığınız ve mallarını elinden aldığınız için sizden öç almaya yemin etmiş bir düşmanınızım. Tek başınıza dervişi görmeye gittiğinizi öğrendim ve dönerken yolda sizi öldürmeye karar verdim ama akşam olduğu halde dönmediniz. Ben de sizi arayıp bulmak için pusuya yattığım yerden çıkınca muhafızlarınıza rastladım, beni tanıyıp yaraladılar. Onlardan kaçtım fakat yaramdan çok kan akıyordu. Yaramı sarmasaydınız kan kaybından ölürdüm. Ben sizi öldürmek istedim, siz ise hayatımı kurtardınız. Eğer yaşarsam şimdiden sonra en sadık köleniz olup size hizmet edeceğim. Affedin beni." dedi.

Padişah, düşmanıyla bu denli kolay barıştığı ve onun dostluğunu kazandığı için çok mutlu oldu, onu affetmekle kalmayıp mallarını iade edeceğine dair söz verdi.

Yaralı adamla vedalaşan padişah, saraya dönmeden önce sorularının cevabını almak için bir kez daha dervişten rica bulunmak istedi.

Derviş dışarıda, bir gün önce kazılan tarhlara çiçek tohumları ekiyordu. Padişah sorularını tekrarlayıp cevap vermesi için dervişe yalvardı. Derviş:

-"Cevabınızı aldınız ya." dedi. Padişah hayretle:

-"Nasıl aldım? Ne demek istiyorsunuz?" diye sordu.

-"Anlayamıyorsunuz değil mi? Dün eğer benim dermansızlığıma acımayıp şu tarhları kazmasaydınız, gidecek ve şu adamın saldırısına uğrayacaktınız. Yanımda kalmadığınıza pişman olacaktınız. Yani en önemli vakit, tarhları kazdığınız vakitti. En önemli kişi bendim ve en önemli işiniz bana iyilik yapmaktı. Daha sonra bu adam yanımıza koşarak geldiğinde en önemli vakit onunla ilgilendiğiniz vakitti çünkü eğer onun yaralarını sarmasaydınız sizinle barışmadan ölecekti. Dolayısıyla en önemli kişi oydu, en önemli iş de onun için yaptıklarınızdı. Bundan sonra şu gerçeği unutmayın: Tek önemli vakit vardır, içinde bulunduğunuz an. O an en önemli vakittir, çünkü sadece o zaman elimizden bir şey gelebilir. En önemli kişi, kiminle beraberseniz odur. Zira hiç kimse bir başkasıyla bir daha görüşüp görüşmeyeceğini bilemez. En önemli iş, iyilik yapmaktır. Çünkü insanın bu dünyaya gönderilmesinin en önemli sebebi budur."

Birinci Pencere:

Hayat akıyor, zaman geçiyor, ömür bitiyor dostum. Geçen güne elimiz ermez, gelecekse meçhul. Varsa yoksa yaşanan an, o da elden gitti gidiyor. Her anın kıymetini bil ki telafisi yok. Her anı doğru değerlendir ki geri dönüşü yok. Zaman geçtikten sonra, sevdiklerin göçüp gittikten sonra ah vah etmenin faydası yok. Ne yapman gerekiyorsa şimdi yap, erteleme. Vakit varken doya doya sarıl sevdiklerine, vakit varken dört elle yapış işine, gücüne, vakit varken aşkla yönel kıbleye, vakit varken, vakit varken...

İkinci Pencere:

Ömür sermaye,
Kader izlenilen yol.
Bilebilseydim sermayenin miktarını,
Görebilseydim yolumdaki sapakları,
Bambaşka olmazdı yine hayat.
Olması gerekeni yaşıyoruz,
Keşkeleri hayatından çıkar at.

Üçüncü Pencere:

Vaktin kıymetini bilmek esastır. Ölüm geldiğini bilse de insan elindeki fidanı toprağa dikmekle mükelleftir.

İçinde bulunduğu şartların farkında olmayıp onları değerlendirmeden başka arayışlara giren yanlış yola sapmış demektir. Bildiğiyle amel etmeyen insanın yeni bilgiler öğrenmesi ona merkep yüküdür.

Vakit bu vakittir deyip işe koyulmalı insan. Yarınlar meçhul, günü anlamlı kılacak bir şeyler yapmalı. İşini en iyi şekilde yapmalı ve yanındaki insanlardan en üst seviyede yararlanmaya bakmalı. Vaktini değerlendiren, işini iyi yapan ve işini görenlere sahip çıkan için yol açıktır!

"İnsanlar iki şey hususunda aldanmışlardır:
Sıhhat ve boş vakit."
Hadis-i Şerif

ALLAH'I SEVMEK

Aşk imiş her ne var âlemde
İlm bir kîl ü kâl imiş ancak

Fuzûli

De ki: "Eğer babalarınız, oğullarınız, kardeşleriniz, eşleriniz, aşiretiniz, kazandığınız mallar, kesada uğramasından korktuğunuz bir ticaret ve beğendiğiniz meskenler size Allah'tan, peygamberinden ve onun yolunda cihattan daha sevgili ise, artık Allah'ın emri gelinceye kadar bekleyin! Allah fasık topluluğu doğru yola erdirmez."

Tevbe/24

Ahmet b. Hambel, Bişr-i Hafi'yi sık sık ziyaret eder. Talebeleri kendi aralarında, "Yahu koskoca imam, bütün ilimleri yutmuş bir âlim, ne buluyor bu Allah'ın garibinde ki sürekli yanına gidiyor, dizinin dibine oturup saatlerce kalıyor?" diye söylenirler.

Ahmet b. Hambel, bu dedikoduları duyunca talebelerine şöyle cevap verir: "Doğru dersiniz, ben şu kadar ilmin sahibiyim ama onun kadar Allah'ı bileni, seveni görmedim. Ben Allah'ı biliyorum belki ama o Allah'ı benden çok seviyor."

Birinci Pencere:

Bilmek sevmeye yeterli mi? Çok bilen çok mu sever? Elbette değil. Sevgi nasip işi. Bilmek akılla, sevmek kalple… Allah sevgisiyle kalbe tecelli ediyor. Kalp hazır değilse sevgiden nasiplenemez. Önce kalbin hazırlanması yani temizlenmesi gerek. Tarlayı temizlemeden tohum ekerseniz, orada ayrık otları biter; dikenler, ısırganlar yetişir.

Sevginin düşmanı öfke ve nefret, kin, kibir, haset, gıybet, kıskançlık, menfaat, dünyaya tamah etme, harama düşkünlük vb. duygulardır. Bunlar kalbe yerleşti mi orada Allah sevgisinden eser kalmaz. Allah sevgisinin yer ettiği kalpte ise bu kötü hasletler yer bulamaz. Yaratılışta muhabbet vardır. Muhabbetsiz işin sonu güdüktür. Hakiki muhabbet de Allah'a duyulan muhabbettir. Bilgimiz, gayretimiz o muhabbetle dolu bir kalbe ulaşmak olmalıdır.

İkinci Pencere:

"İlim ilim bilmektir." Bin ilimden birini hakkıyla bildiysen âlim oldun demektir. "İlim kendin bilmektir." Kendini bilmezsen boşa dirsek çürüttün demektir. Âlim oldunsa her şeyi bilirim sanma. Tevazuyu elden sakın ola bırakma. Ne kadar bildiğinle övünme ne kadar bilmediğine kederlen. İlim bir derya, sen de bir katrecik yer tutarsan oldun demektir. Okumaktan murat Hakk'ı bilmektir dostum. Ne kadar okursan oku, Hak yolunu bulamadıysan sarf ettiğin "ha bir kuru emektir." Âlim olmak başka Hakk'ı bilmek başka. Hakk'ı bildinse sen kâmil oldun demektir.

Üçüncü Pencere:

Aynı evde yaşasan da yıllarca,
Hatta aynı karında barınmış olsan da,
Kan bağı değil yürektir sevginin barınağı.
Tanıyor olmak yetmez kardeş olmaya,
Kalpler uzaklaşmışsa birbirinden,
Karındaşına gönüldaşım diyemezsin.
Ana-baba farklı yürek bağıyla bağlandığın vardır bir de,
Yedi kat el dediklerin öyle anlar gelir ki ab-ı hayat sunar dertlerine,
Kardeş deyiverirsin öylelerine kalp sevince.
Bilmek yetmiyor demek ki, yetseydi buyur ederdik geleni geçeni yüreğe.
Allah'tan başkasına yer olmayan kalp,
Onu ilme'l-yakîn bilenden daha kıymete lâyıktır,
Çünkü kalp hakka'l-yakînin en derûnî sığınağıdır.

"Kendisinde şu üç huy bulunan kimse imanın tadını alır: Allah ve Resûl'ünü her şeyden fazla sevmesi, mümin kardeşlerini yalnız Allah rızası için sevmesi; tekrar küfre düşmekten, ateşe atılmaktan hoşlanmadığı gibi hoşlanmaması."

Hadis-i Şerif

SÖZÜN HAYIRLISI

Söz ola kese savaşı,
Söz ola kestire başı,
Söz ola ağılı aşı,
Bal ile yağ ede bir söz.

Yunus Emre

"Onlar bollukta ve darlıkta Allah yolunda harcayanlar, öfkelerini yenenler, insanları affedenlerdir. Allah iyilik edenleri sever."

Âli İmran/134

Padişahın biri masum birinin öldürülmesine karar vermiş. İdam sehpası kurulmuş, masum adam meydana getirilirken padişahı görmüş ve canından ümidi kestiğinden başlamış ona kendi dilinde hakaret ve küfür etmeye.

Padişahın iki yanında iki veziri duruyormuş. Vezirlerden biri iyi huylu diğeri kötü huyluymuş. Padişah iyi huylu vezire dönerek:

-"Ne söylüyor bu mahkûm?" demiş. İyi huylu vezir mahkûmun masum olduğunu bilirmiş ama ispat edecek delili yokmuş.

-"Padişahım! Mahkûm, 'Öfkesini yenenler ve insanların suçunu bağışlayanlar için cennet hazırlanmıştır Allah muhsinleri sever.' ayetini okuyor." demiş. Bunun üzerine padişah idamı durdurmuş ve mahkûmu bağışlamış. Kötü huylu vezir her durumda padişaha doğrusu neyse onu söylemek gerektiğini düşünerek:

-"Padişahım, diğer vezir yalan söyledi. Mahkûm size kendi dilince onca hakaret ve küfür etti." demiş. Bunun üzerine padişah:

-"Olsun, onun yalanı senin doğrundan daha güzeldi. Onun sözü iyiliğe yönelik, seninki ise kötülüğe... İş bitiren yalan, fitne koparan doğrudan iyidir." demiş.

Birinci Pencere:

Söz var!

Söz var, hoş gelir insana, ferahlatır gönülleri; hayra sevk eder. Söz var, iç karartır, can sıkar; şerre sevk eder. Söz var, kelle aldırır; söz var, ipten adam aldırır. Söz var, dağa çıkarır; söz var, dağdan indirir. Söz var, ağızdan çıkıncaya kadar sahibine esir; söz var, ağızdan çıktıktan sonra sahibi ona esir. Söz var, bin düşünen söyler; söz var, ağzı olan eder.

Söz var, söz var…

İkinci Pencere:

Buluyoruz mekânı da,
Ya huzur veren insanı?
Doğruluk uğruna,
Tarumar ediyoruz nice güzel denen sarayı.
Kılıçtan keskin zehir zemberek sözlerimizle,
Açamadan buduyoruz çiçeğe gebe dalları.
Sözün tonuyla bile kırılıyorken gönül,
Gerek yok bırak elindeki taşı.
Gelmiyor ya elinden bir gönlün inşası,
Bari dilinden olmasın onun yıkılması.

Üçüncü Pencere:

Bu necip milletin irfanı ince tartar azizim!

Lafını bilmeyene halk, ne güzel sıfatlar bulmuştur: Şom ağızlı, patavatsız, ağzı kara vb.

Söz vardır yılanı deliğinden çıkarır; söz vardır baldıran zehri gibidir, tek bir kelimesi insanı yere serer. Söz vardır insanı kendine bende eder, söz vardır rezil rüsva eder. Sözün doğru olması kadar kime söylendiği ve ne zaman söylendiği de önemlidir. Öyleyse kişi sözün hamına, kemine ve demine dikkat edecek.

"Allah'a ve ahiret gününe inanan, ya hayır söylesin ya da sussun."

Hadis-i Şerif

TEVAZU

Ne olayım derviş olsam,
Hoş yürüsem dervişane.
Terk eylesem kibr ü kini,
Yüz sürüsem erişene.

Eşrefoğlu Rumi

"Rahmân'ın kulları, yeryüzünde vakar ve tevazu ile yürüyen kimselerdir. Cahiller onlara laf attıkları zaman, "selâm!" der (geçer)ler."

Furkân/63

Sultan II. Murad, bir gün dostlarıyla ve devlet erkânıyla ilme, âlime ve dervişlerin tevazusuna dair konuşurken:

-"Âlimlerle dervişler arasında acaba ne fark vardır? Bunu öğrenmek isterim." der. Orada bulunanlardan biri:

-"Hünkârım, bu izah etmekle kolay anlaşılmaz. Bu farkı duymaktan ziyade görmek lâzımdır. Dilerseniz bu gece tebdil-i kıyafet ediniz. Beraber, âlimlerle dervişlerin toplantılarına gidelim!" der. Padişah, tebdil-i kıyafet eder, toplantı yapılacak binanın önüne gelip durur. Önce âlimler görünürler. Padişahın dostu, en önde gelen âlime yavaşça yaklaşıp:

-"Kusurumuz bağışlana, bir şey öğrenmek isteriz. Acaba gelenlerin içinde en büyük âlim kimdir?" diye sorar. Soruyu dinleyen âlim, soru soranı aşağıdan yukarı süzdükten sonra:

-"Benden ileride kim var bilmiyorum." der ve geçer. Aynı soru ikinci gelene sorulunca:

-"Benim olduğumu söylüyorlar." der. Arkadan gelenler de benzer cevaplar verirler, herkes en büyük âlimin kendisi olduğunu iddia eder. Bunların arkasından dervişler gelmeye başlar. İlk gelen dervişe:

-"İçinizde en bilgili, en faziletli olan kimdir?" diye sorduklarında:

-"Arkamdan gelen." cevabını alırlar. Bu defa aynı soruyu arkadan gelen dervişe sorarlar. O da:

-"Hayır, ben değilim, arkamdan gelen." der. Ondan sonra gelen dervişler de benzer cevaplar verirler. Her derviş, arkasından gelenin en bilgili, en faziletli olduğunu söyler. En son gelen dervişe aynı soru sorulduğunda ise derviş boynunu büker:

-"Maalesef hepsi benden önce girdiler." der.

Birinci Pencere:

Kuşanmalıyım geç kalmadan tevazu kuşağını,
Kibrin kuyusundan kurtulmak,
"Ben" diye başlayan cümlelerin boynunu vurmak,
Onun emri olmadan bir yaprağın bile kımıldamadığının farkına varmak zorundayım.
Ben, "ben" diye yazdımsa da,
Sensin yine ol "Ben".
Hiçten ne çıkar?
Hem bana benlik, yine "Sen"den diyebilmeli,
Göğe kaldırdığım toy başımı,
Edeple önüme eğebilmeliyim.

İkinci Pencere:

"Her şey ben yaşarken oldu bunu bilsin insanlar
Ben yaşarken koptu tufan
Ben yaşarken yeni baştan yaratıldı kâinat" diyor şair İsmet Özel. Her türlü çatışmanın temelinde ben duygusu vardır. Kulun yaratıcıyla, kişinin toplumla, toplumun kişilerle, milletlerin milletlerle çatışması nihayetinde benlik davasının yansımasıdır. Yaratıcı, kuldan önce benlik davasını terk etmesini ister. Çünkü benlik davası güden insan itaat edemez. İtaati olmayanın da imanı olmaz.

"Ben"in esaretine girmiş insan yaratılış gayesini unutur, bozgunculuğun, kan dökücülüğün safını tutar. İnsanı Firavunlaştıran, Nemrutlaştıran "ben" duygusu. "Ben"i yenen kişi ideal kişi. "Ben"in sarmalından kurtulan insanda diğergamlık, tevazu gibi hasletler ortaya çıkar ki bunlar insana fazilet kazandırır.

Tevazunun başı kişinin yaratıcı karşısında aczini idrak etmesi, haddini bilmesidir. Tevazu kendini bilmek haddini bilmektir. Kibir had bilmezliktir.

Tevazu hak karşısında eğilmektir. Gurur, insanların kurdu, tevazu ziynetidir. Kibri, gururu yenmenin yani benlik davasında galip gelmenin yolu nefisle girilecek amansız mücadeledir. Ne buyurdu bir sefer dönüşü sevgili Peygamberimiz? "Şimdi küçük cihattan büyük cihada dönüyoruz."

Üçüncü Pencere:

Etrafına bak dostum!

Her şeyi bildiğini zannedenlere bak. Dinle onları. Hiçbir şey bilmediklerini göreceksin. Cehalet tam da budur işte. Ben bilmem deyip susanlar değil, ben bilirim deyip eleştiri kabul etmeyenlerdir asıl acınacak olan. El elden üstün, bilgin, bilginden; zengin, zenginden; güzel, güzelden; güçlü, güçlüden... Tevazuda üstün olmaya bak. Boş başak dik durur, dolu başak eğik olur. Kendini küçük gördükçe büyürsün. Unutma ki insan tevazu ile yükselir.

"Kim Allah Teâlâ'nın rızası için bir derece tevazu gösterirse, bu sebeple Allah onu bir derece yükseltir. Kim de Allah'a karşı bir derece kibirde bulunursa, Allah da onu bu sebeple bir derece alçaltır; bu böyle devam ede ede nihayet onu esfel-i sâfilîne (aşağıların aşağısına) atar."

Hadis-i Şerif

TAŞLARI YEMEK YASAK

Hoşça bak zâtına kim zübde-i âlemsin sen
Merdüm-i dîde-i ekvân olan âdemsin sen

(Ey insan! Kendine saygıyla, hürmetle yaklaş; çünkü sen kâinatta yaratılmışların özü/göz bebeği olan insansın.)

Şeyh Galib

"Hakka yönelen bir kimse olarak yüzünü dine çevir. Allah'ın insanları üzerinde yarattığı fıtrata sımsıkı tutun. Allah'ın yaratmasında hiçbir değiştirme yoktur. İşte bu dosdoğru dindir. Fakat insanların çoğu bilmezler."

Rum/30

İsmet Özel, Taşları Yemek Yasak kitabında şöyle bir hikâye anlatır: Bir avcı avlanma esnasında dağda ağaçlardan birinin üzerinde "Taşları Yemek Yasak" yazan bir levha görmüş. Avcı, insanlar tarafından zaten tüketilmesi söz konusu olmayan bir nesnenin yenmesinin yasak olduğuna dair bu levha karşısında şaşırmış. Levhanın yanındaki ayak izlerini takip etmeye başlamış. Ayak izleri onu bir mağaranın önüne getirmiş. Mağaranın kapısında bir derviş oturmaktaymış. Derviş, avcıyı görünce konuşmaya başlamış. Avcının aklında takılan soruyu bildiğini, insanların yapmaya eğilimleri olmayan bir konuda uyarılmasının ne demek olduğunu öğrenmek için buraya geldiğini söylemiş. Devamla, insanlar arasında âdet hâline gelmiş pek çok davranış ve alışkanlık bulunduğunu, bunların insan için tıpkı taş yemek gibi olduğunu söylemiş. Avcıya: "Levhayı gördüğün yerde bir pınar olsaydı ve ben oraya "Su Zehirlidir!" yazsaydım sen bunu manalı bir söz sayacak, yerinde bir uyarı kabul edecektin. Büyük bir ihtimalle de benim ayak izlerimi takip edip buraya gelmeyecektin. Çünkü yasaklanan şey aklına uygun gelecekti. Gerçekte suyun zehirli olduğunu yazan insanın emrine uymuş olacaktın. Kendi aklına uyduğunu sanarak benim keyfime uygun davranmış olacaktın. Ama orada taş yemeyi yasaklayan bir levha gördün ve acaba bunun hikmeti nedir diye kendine bir yol açtın. Eğer Allah'ın emrettiği ve yasakladığı şeylerle ilk karşılaşan insan bunu tabii karşılarsa, aklına uygun bulursa bu emir ve nehiylerden hiçbir şey öğrenemez. Ama bazı izleri takip edip bu emir ve nehiylerin nelere tekabül ettiğini öğrenebilirse hakikate varabilir.

İnsanın taş yemeye ihtiyacı yok diyorsun. Öyleyse şunu düşün: İnsanın ihtiyacı olandan fazlasını elinde tutması kendisi için taş gibidir. Bu yalnız mallar, servet, güç gibi nesnelerde geçerli değil. Merhamet, şefkat, tevazu gibi şeyler için de böyle. Bilgi için de böyle. Eğer herhangi bir şey insanların istifadesine açıksa ancak istifade edildiği kadar o "şey" olur. O şeyden istifade edilmezse artık o taştır ve gerçekten onu istifadeye konu etmeksizin kullananlar taş yemiş olurlar. Sana yaramıyorsa bırak başkasına yarasın. Sana yaramadığı halde sende olan hem senin hem başkasının aleyhinedir. Taşları yeme, taşları yemek yasak!" demiş. (İsmet Özel, *Taşları Yemek Yasak,* Şule Yay., İstanbul, 1999, s. 124-125)

Birinci Pencere:

Beş merhale var geçmen gereken,
Din, can, mal, akıl ve nesil.
Hangisini ele alırsan al, her birinde başka kural,
İtiraz duyuyorum her halinden.
Susman çare değil okunur kişi amelinden.
Taşları bırak ellerinden,
Zevk mi alıyorsun yasakları çiğnemekten.
Unutma ki,
Dikkatin ipi kurtarır seni günahın kıyısından.
Her çiğnediğin yasak ya da her yuttuğun taş,
Ne huzur olur sana ne azık ne aş...

İkinci Pencere:

Akıl, insanı hakikate götürmede bir binektir lâkin ölçüyü aşarsa çölde tepeleyen eşektir, demiş büyükler. Aklın kontrol alanı sınırlıdır. Görülenin ötesinde bir dünyası olamaz aklın. Görülenden hareketle yol bulmaya çalışır kapasitesi nispetinde. Akıl akıldan üstündür, diyenler herkesin akıl kapasitesinin farklılığına işaret eder.

Akıl prangalıdır. Onun özgürleşmesi hikmet iledir. Hikmeti olmayan akıl tutsaktır. Rabbimiz bize Kur'an'la birlikte hikmeti öğrettiğini söylüyor. Hikmet vahiyle kazanılır. Dolayısıyla akıl da vahiyle özgürleşir. Vahyin özgürleştirmediği akıl; nefsin, çıkarların, ideolojik tabuların, sosyal çevrenin vb. güdümünde esaret altında demektir.

Hakikat yolcusunun aklı hikmete âşık olmalıdır. Hikmet arayışı insanı, varlığın hakikatine ulaştırır.

Üçüncü Pencere:

Taş yenir mi hiç? Yenmeyecek şeyi yasaklamak da neyin nesi? O insan ki belli bir fıtrat üzerine yaratıldı. O insan ki eşref-i mahlukat olarak kullukla vazifelendi. Kul olmanın sorumluluğu çok, kul olanın yükü ağır. O insan ki fıtratının gereğini yapmalı. Helal ile yetinip haramdan kaçmalı. O insan ki fıtratına uymayanı yapmaya başladı mı bil ki taşları kemirmeye başlamış demektir. O taş, Âdem ile Havva için cennette meyveydi. Taşları yemek yasak, yasak olansa taş.

Bir gün Resûlullah (sav), Bilâl (r.a.)'ın yanına vardı. Ve onun yanında biriktirilmiş bir miktar hurma gördü. Resûlullah (sav):

-"Bunlar nedir ya Bilâl?" buyurdu. Bilâl (r.a.):

-"Kış için biriktiriyorum ya Resûlallah!" diye cevap verince, Allah'ın Resûlü:

-"Biriktirmekten dolayı Allah'tan korkmuyor musun? Dağıt bunları ya Bilâl! Arş'ın sahibinin malının eksileceğinden korkma!" buyurdu

Hadis-i Şerif

ÇIKAR SAĞLAMAK

Akıl ermez kulak duymaz göz görmez,
Şükret kula haktan ihsan var iken.
Göz görmüş olduğun sanma öz görmez,
Sen küfre yâr olma iman var iken.

Seyrani

> "Eğer inanan kimselerseniz Allah'ın bıraktığı helâl kazanç sizin için daha hayırlıdır. Ben sizin başınızda bir bekçi değilim."
>
> **Hud/86**

Bit, pire gibi haşaratın insanları canından bezdirdiği bir devirde, aylaklıktan bunalan bir akl-ı evvel mevcut durumdan çıkar sağlamak maksadıyla haşarata karşı ilaç üretmeye karar verir. Kendi kafasına göre topladığı otları karıştırıp kaynatır. Şişelere doldurarak merkebine yükler ve tanınmayacağı bir köye gider. İnsanların bir araya geldikleri köy odasına çıkarak haşarata karşı elinde çok tesirli ilaçların olduğunu söyler. Canından bezmiş halk ilaca yoğun talepte bulunur. Halkın talebi karşısında şaşıran ve bir o kadar da keyiflenen satıcı karşılaştığı manzarayı değerlendirir. Halka, ilaçların çok tesirli olduğunu ancak bir o kadar da pahalı olduğunu, herkesin bunu almaya gücünün yetmeyeceğini söyler. Halk ikna olur ve sonunda kendi aralarında para toplayıp bir şişe ilaç alır. Satıcı halinden memnun bir şekilde köyden uzaklaşır.

Bir müddet sonra köylü bir araya gelip aldıkları ilacı nasıl kullanacaklarını tartışmaya başlar. En sonunda satıcının bulunup tarifenin alınması gerektiğine karar verirler. İki kişi atlarına binerek yola düşer. Köyden alelacele çıkan satıcıya yetişirler. Ardından iki atlının geldiğini gören satıcı foyasının meydana çıktığını düşünerek telaşlanır. Kaçmasına imkân yoktur. Çaresiz durur. Atlılar, satıcıya aldıkları ilacın nasıl kullanılacağını bilemediklerini onun için kopup geldiklerini söyleyince adam, derin bir oh çeker ve cevap verir:

-"Hay Allah ben de zannetmiştim ki bir şey oldu! Bunu bilemeyecek ne var canım? Pireyi tutacaksınız, karnını gıdıklayacaksınız, o gülmeye başlayınca ağzını açar; o zaman bir kaşıkla ilacı ağzına dökeceksiniz. Hepsi bu kadar!" Atlılar:

-"Yahu biz pireyi tutsak zaten öldürürüz, ilaca ne gerek var?" derler. Satıcı kendinden emin bir şekilde:

-"Ha! Bunun böyle kullanılması makbuldür, siz anlamazsınız!" diye cevap verir.

Birinci Pencere:

Ve sen ey insanoğlu!
Aklına güvenirsin,
Derde düşünce aklını yitirirsin.
Açtıysan bir kere zaaf kapılarını,
İçeriye sızan yılandan vaveyla etmeyesin.
Vardır illa her derdin bir çaresi lakin,
Çareyi yanlış kapıda ararsan,
Bulduğunu sorgulaman haline güldürmesin.

İkinci Pencere:

Toplumların hayatında olağanüstü durumların yaşandığı anlar vardır. İnsanların çare niyetine yılana sarıldığı, zehri bal yerine içtiği anlar... Böyle zamanlarda ortalıkta mevcut durumdan vazife çıkaran, şartları kendi çıkarları için kullanan, vurguncu, karaborsacı, tefeci gibi insan tipleri uç verir. Her yerde ve her devirde bu tip insanlara rastlamak mümkündür. Deprem, yangın, sel baskını, salgın hastalık dönemlerinde peyda olur böyleleri. Üç kuruşluk menfaat uğruna vicdanlarını satarlar. Şöyle bir etrafa baksak, ne çok varmış bunlardan deriz. Çünkü zaman ve mekân değişse de insanî öz değişmemektedir.

Çıkarın gözü kördür; şeytanı melek görür.

Üçüncü Pencere:

Akıl Yaratıcı'dan insana hediye, kullanmasını bilene en büyük sermaye. Kimisi bu sermayesini doğru kullanıp servet eyler, kimisi ziyan edip kendine külfet eyler. Önce akletmek gerek, dünyaya akıl gözüyle bakmak gerek. Suretin ardındaki sireti, zahirin ardındaki batını, perdenin ardındaki gerçeği böylece görmek gerek.

Kimi mal, mülk fukarası; kimi akıl fukarası... Aklını kullanmayan el alemin maskarası, eşin dostun yüz karası... Kendi aklın varken başkasının aklından fayda umma. Akıl gözünü açık tut sakın ha yumma!

Aklını doğru kullan ki şifa olsun, derman olsun; ilim olsun, irfan olsun; teknoloji olsun, fen olsun; ülke gül gülistan olsun.

"Alışverişinde, satış ve alışında, sair işlerinde hile yapan, karşısındakini aldatan, hıyanet yapan bizden değildir."

Hadis-i Şerif

GELİNCİK

Nefis der aldandım özü özüme,
Dahi yürür idim kendi sözüme,
Aklı olan ayak basmaz izime,
Ahir pişmanlık var imiş insana.

Aşık Sümmani

"Hakkında kesin bilgi sahibi olmadığın şeyin peşine düşme. Çünkü kulak, göz ve kalp, bunların hepsi ondan sorumludur."

İsra/36

Eşi öldükten sonra evinde yalnız yaşamak zorunda kalan hamile bir kadın vardır. Kadın gündüzleri bağ bahçede çalışır, akşam olunca da evinin yolunu tutar.

Bir gün eve dönerken yol kenarında yaralı bir gelincik görür. Gelinciğe acıyarak onu da yanına alıp eve döner.

Evcil bir hayvan olmayan gelincik kadından gördüğü sevgi ve şefkatle kısa zamanda iyileşir ve kadının yanından ayrılmaz olur.

Birkaç ay sonra kadın doğum yapar. Eve neşe ve mutluluk getiren bu küçük yavrucağı gelincik de çok sever, artık ailesi olarak gördüğü bu anne ile yavrucağa sanki daha bir gönülden bağlanır.

Kadın tek başına tüm zorluklara göğüs germek ve yavrusuna bakmak zorunda olduğunu bilir.

Yine bir gün yavrusunu gelincikle evde yalnız bırakarak çalışmak üzere bağa gider.

Yorucu bir günün ardından evine dönen kadın, gelinciği ağzı kanlar içinde kapı önünde görünce beyninden vurulmuşa döner. Korktuğu başına mı gelmiştir? Gelincik çocuğuna zarar mı vermiştir?

Kadın kendini kaybeder. Yerde yatan gelinciğe eline aldığı sopayla amansızca vurur ve gelinciği oracıkta öldürür. Bir yandan da ağlamaktadır. Öylesine kendisinden geçmiştir ki bebeğin odasından gelen sesi bile duymaz.

Bir müddet sonra kendine geldiğinde bebeğin ağlama sesini işitir. Koşup içeri girdiğinde gözlerine inanamaz.

Bebek beşikte ağlamakta, beşiğin yan tarafında parçalanmış kocaman bir yılan durmaktadır.

Birinci Pencere:

İnsanların hareketlerini duydukları, gördükleri yahut akıl ve vicdanı belirler. Yani, bilgilerimiz ya bir habere ya gözleme ya da akla dayanır. Bunların dışında inananlar açısından en önemli bilgi kaynağı vahiy ve hadislerdir.

Zan, üzerinde kesinlik olmayan bilgi demektir. Sıralama itibariyle vehim ve şüpheden sonra gelir. Bilgiye en yakın olan zandır.

Zanna dayalı hüküm, sahibini sorumlu kılar. Kötü zan günahtır. Allah'a, Peygamber'e ve müminlere karşı güzel zanda bulunmak, onlar hakkındaki meselelerde hep olumlu tarafları öne çıkarmak güzel bir davranıştır.

Zannın günlük hayatımızdaki karşılığı önyargıdır. Ön yargı gönül gözünü kapatır, basireti bağlar, insanın gerçekleri görüp anlamasına engel olur.

Menfaat duygusu, çıkar hesapları, enaniyet, yakın duygusu, insanın görüşünü perdeler.

Hissin gözü kördür, gerçeği görmez.

İkinci Pencere:

"Eyvah!" dedi yüreğinden,
Attığı ok dönmezdi artık hedefinden.
Peki sen,
Kaç kez öldürdün gelincikleri,
Kaç kez anlamadan dinlemeden parçaladın, tekmeledin gerçekleri,
Bir şeye duyduğun aşırı sevgi için,
Kaç kez katili oldun seni sevenlerin?

Üçüncü Pencere:

Sevgi insanı insan eder. Hayvanı bile insancıl eder. Sevgi gönülden gönle köprü kurar yol eyler, bataklıkları kurutur gül eyler, nefret ateşini söndürür kül eyler. Sevgiye karşı sevgi, saygı gerekir; vefa gerekir, fedakârlık gerekir. Seviyorsan eğer güvenmeyi bilmelisin, güvendiğine canı da cananı da emanet edebilmelisin. Sevdiğine sırtını dönemiyorsan ya sendedir eksiklik ya onda… Bunu fark ettiğinde ya onu kendinden uzaklaştırmalısın ya sen ondan uzaklaşmalısın.

"Suizan etmeyin, suizan yanlış karar vermeye sebep olur."

Hadis-i Şerif

ÇATLAK BÜYÜYOR

Günde bir taşı binâ-yı ömrümün düştü yere
Can yatar gâfil, binâsı oldu vîrân bîhaber

Niyazi-i Mısri

"Görmüyorlar mı ki, onlar her yıl bir veya iki kere belaya çarptırılıp imtihan ediliyorlar. Sonra ne tövbe ederler ne de ibret alırlar."

Tevbe/126

Adamın birinin eski bir evi vardır. Ev artık ömrünü tamamlamış, iyice köhneleşmiştir. Adam, evin neresinde bir çatlakla karşılaşsa veya dökülen sıva görse hemen eline malayı alıp o bölgeyi yamar. Bu durum günlerce böyle sürüp gider. Yaşlı adam, bütün çabalarına rağmen evin çöküşe doğru gidişini engelleyemez. Mukaddere razı olmaktan başka yol olmadığını anlar. Bir gün evin karşısına geçip konuşmaya başlar:

-"Ey evim! Artık dayanacak gücün kalmadı, farkındayım. Senden son bir isteğim var. Ne olur bana yıkılacağın zamanı haber ver de bari eşyalarımı, çoluk çocuğumu kurtarayım. Onlara bir halel gelmesin."

Günler sonra eve geldiğinde bakar ki ev yerle bir olmuş. Konu komşu can mal kurtarma telaşında. Adam manzarayı geriden seyreder, kendi kendine konuşmaya başlar ve eve sitemler yağdırır:

-"Ben sana yalvarmıştım, yıkılacağın günü bana haber ver de çoluk çocuğumu bari kurtarayım diye. Görüyorum ki yıkılmışsın ve malımı, canlarımı alıp götürmüşsün. Ne olurdu bana yıkılacağını bir haber verseydin? Bu bana reva mıdır şimdi?"

Yaşlı adamın bu sözleri karşısında ev dile gelerek cevap verir:

-"Be ahmak adam! Ben sana o kadar haber verdim ki sen anlamadın veya anlamamazlıktan geldin. Neremde bir çatlak gördüysen orayı sıvamakla geçiştirdin. Halbuki benim özüm eskimişti, sen bunu göremedin. Sonunda ben de dayanamadım ve yıkıldım. Benim bunda ne suçum var? Var sen suçu kendi beyinsizliğinde ara!"

Birinci Pencere:

Doğdun, büyüdün, gördün, geçirdin ölüyorsun. Yattın kalktın, çalıştın çabaladın ölüyorsun. Günahınla, sevabınla, hayrınla, şerrinle ölüyorsun. İncittiğin her insan, yaktığın her can, söylediğin her yalan, beyhude geçen her an ömür mülkünde bir çatlak açtı, ölüyorsun. İşlediğin günahlar, aldığın ahlar, pişmanlıklar, eyvahlar birer çatlak açtı ölüyorsun. Helale doğru çevirmediğin göz, verip de tutmadığın her söz, hak yoluna döndürmediğin öz, çatlak açtı ölüyorsun. Alın teri dökmeden aldığın para, gönüllerde açtığın yara, harama uzanan el, küfre dönen dil, çatlak açtı ölüyorsun.

Çatlaklar sıva tutmuyor, duvarlar çatırdıyor, çatı göçtü göçüyor. Daha vakit var sandın, çatlakları tamir etmeyi erteledin. İş işten geçti dostum, sayılı gün tükendi, Azrail kapıda belirdi, ölüyorsun.

İkinci Pencere:

İki nefeslik bir ömür... Aldın verdin. Geriye ne kalacak? Erteleme, ihmal etme!

Biz hep sonuçlara odaklı yaşarız. Küçük sonuçlar büyük sonuçlara hazırlar bizi. Toprağı bugünden hazırlar, yarının tohumlarını bugünden ekeriz. Olaylar bugünden mayalanır, hayatın ilmikleri bugünden atılır. Farkında olalım veya olmayalım, yarın bugünün temelleri üzerine kuruluyor.

Gece gündüzü bağrından çıkarıyor. Gündüz geceye dönüyor.

Saçımızdaki aklar, yüzümüzdeki çizgiler, alnımızdaki kırışıklar...

Kayıp giden yıllar...

Gafletteyiz. Gaflette olmak, dünyaya meyletmekle başlar. Dünya endişesi insanı, arzuların esiri yapar. Kayıp giden yıllar, boşa geçen ömür, kaçırılan fırsatlar hep bu gaflet hâlinin neticesi olarak ortaya çıkar.

Kalp, ilahi feyizlerden nasiplenemezse gaflet hayatı kuşatır.

Öyleyse fırsatları yakala, uyarılara kulağını aç, hayatı fark et!

Üçüncü Pencere:
"Çiğdemler dedim çiçek açmış."
"Bu hayat neden düzene girmedi?" dedi.
Sustum!
"Bak, dedim, bahar geldi, giydi gelinliklerini ağaçlar!"
"İşlerim neden yolunda gitmedi?" dedi.
Sustum!
"Kuşlar dedim, şarkılar mırıldanıyor."
"Sınavlar bitmek bilmedi." dedi.
Sustum!
"Bebek." dedim, yeni doğmuş kundaktakini gösterirken
"Zaten bu hayatta hiç mucize olmadı." dedi.
Sustum!
Ben gözlerine doğru yayıldım.
Sen zifiri kalbini görüp dağıldın.
Ben yüreğine doğru bağırdım.
Sen tüm çığlıklara sağırdın.
Ben seni Hakk'a çağırdım.
Sen oyun eğlence sanıp yanıldın!

"Mümin kişi bir delikten iki defa sokulmaz"
Hadis-i Şerif

O, ELİNDEKİ HER ŞEYİ VERDİ

Sonra, varlıklı bir adam konuştu:
-"Bize vermekten bahset."
Ve o cevap verdi:
-"Sahip olduklarınızdan verdiğinizde, çok az şey vermiş olursunuz. Gerçek veriş, kendinizden vermektir."

Halil Cibran

"Onlar, seve seve yiyeceği yoksula, yetime ve esire yedirirler."

İnsan/8

Cafer b. Ebu Talip'in oğlu Abdullah, çöl sıcaklarının bastırdığı bir günde bir kabilenin hurmalığına sığınmıştı. Burada dinlenirken hurmalıkta çalışan köleye yemek vakti üç parça ekmek geldiğini gördü. Köle, ekmeklerden birini ağzına götürmek üzereydi ki birden önünde açlığı her hâlinden belli bir köpek belirdi. Köle, elindeki ekmeği köpeğin önüne attı. Köpek ekmeği derhal yedi. Köle ikinci parçayı da attı. Köpek bunu da bir kerede sildi süpürdü. Köle bunun üzerine üçüncü parçayı da köpeğe verdi. Kalkıp yeniden işine dönmek üzereydi ki olup biteni uzaktan seyreden Abdullah, ona yaklaşıp sordu:

-"Ey köle, bugünkü yiyeceğin ne kadardı?" Köle sıkılarak cevap verdi:

-"İşte bu üç parça ekmek."

-"O halde neden kendine hiç ayırmadın?"

-"Baktım ki hayvan çok aç, onu aç bırakmak istemedim."

-"Peki, sen ne yiyeceksin şimdi?"

-"Oruç tutacağım." Bunun üzerine Abdullah b. Cafer, köleye sahibinin evini sordu. Hemen gidip hurmalığı içindeki köleyle birlikte satın aldı. Sonra geri döndü, köleye hurmalığı ve onu sahibinden satın aldığını söyledi ve ekledi:

-"Seni azat ediyorum. Bu hurmalığı da sana hediye ediyorum." Cömertliğiyle meşhur Abdullah b. Cafer, kendisinden daha cömert birini tanıyıp tanımadığı sorulduğunda bu olayı anlatırdı. Çevresindekiler:

-"Köle, köpeğe topu topu üç parça ekmek vermiş, sense ona koskoca bir hurmalığı ve hürriyetini vermişsin." dediklerinde, şu karşılığı verirdi:

-"Ama o elindeki her şeyi verdi; ben ise elimdekinin bir kısmını..."

Birinci Pencere:

Beylik laflar ederiz çoğu zaman.

Verdim deriz mesela aldıklarımızı görmeden.

Almadan verilemez oysa.

Peki ya aldıklarından vermek düşünce payına ne kadarından vazgeçebilirsin?

Sahiplendiysen, hele de "Benim." dediysen zor olur vermek. Bölersin, pay edersin ikram ettim dersin.

"Veren"in verdiğinin hepsini verebiliyorsan eğer işte asıl cömert sensin.

İkinci Pencere:

Veren al alan elden üstündür buyurmuş Efendimiz.

Veren neden üstün ola ki? Vermek zordur da ondan.

Zorun aşılması ödül sebebidir. Ucuz etin yahnisi yavan olur demiş önden gidenlerimiz.

Ödül zahmete denk düşer. Verilmeyeni verebiliyorsan er kişisin. Fazladan olanı vermek herkesin harcıdır.

Vermede kıymet ölçüsü niteliktir, samimiyet yani ihlastır. Dünyayı bağışla istersen ihlas yoksa toz toprak hükmündedir verdiğin.

Vermeye alışmalı insan, var olanın hesabının çetin olacağı bir gün gelecek çünkü.

O gün gelmeden yükü hafifletmeli...

Üçüncü Pencere:

Cömert kim cimri kim?

Cömerdin cömerdi; cimrinin cimrisi var.

Peki sen dostum? Ne kadar cömert ne kadar cimrisin? Bunun cevabını bulmak için önce kendinden cömertlere bak sonra da cimrilere...

Elde olandan veriyorsan kendini cömertten sayma, elde olanı veriyorsan işte o zaman cömertsin.

Cömertliği parayla pulla ölçersen yanılırsın, cömertlik bazen eldeki bir kuru ekmeği bir aça vermek, bazen gönlündeki sevgiyi bir muhtaca vermek, matarandaki son damlayı susuz bir ağaca vermek…

"İnfak et, sayıp durma, sana da sayı ile verilir, fazlalık malını ve paranı muhtaç kimselerden esirgeme, senin de rızkın engellenir."

Hadis-i Şerif

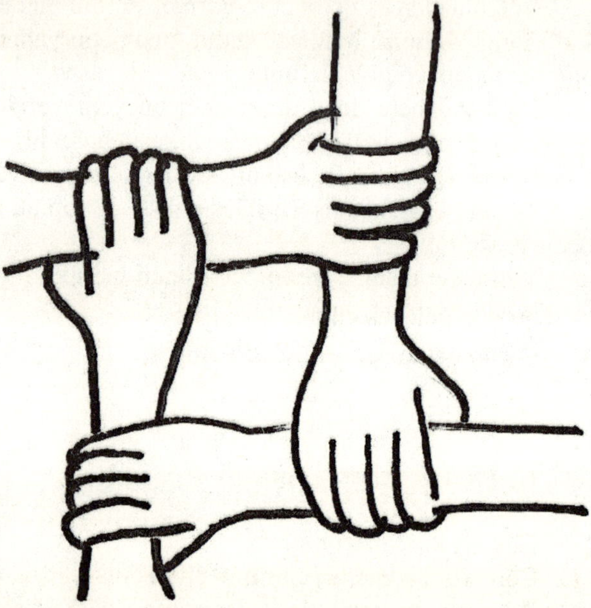

TEK GÖZLÜ ANNE

Ne güzel hayatı analarla yaşamak
Yürekleri temiz, alınları ak
Duyguları bile haramdan uzak
Sıcak analar bilirim.
Yurdumuzun, yuvamızın orta direği
Dünyadaki varlıkların en mübareği
Elimize diken batsa yüreği;
Yanacak analar bilirim.

Yavuz Bülent Bakiler

"Rabbin, kendisinden başkasına asla ibadet etmemenizi, anaya-babaya iyi davranmanızı kesin olarak emretti. Eğer onlardan biri, ya da her ikisi senin yanında ihtiyarlık çağına ulaşırsa, sakın onlara "öf!" bile deme; onları azarlama; onlara tatlı ve güzel söz söyle. Onlara merhamet ederek tevazu kanadını indir ve de ki: "Rabbim!, Tıpkı beni küçükken koruyup yetiştirdikleri gibi sen de onlara acı."

İsra/23-24

Annemin sadece bir gözü vardı. Öteki gözü çukurdu, yani yeri boştu. Buradan devamlı, ince sarı bir su akardı. Onu bu haliyle gören çocukların çığlık atarak kaçıştıklarına çok şahit olmuştum. Onun bu çirkin görünüşünden nefret ediyordum, tiksiniyordum. Çünkü bu durum beni arkadaşlarımın yanındayken utandırıyordu.

Babam, ben daha küçükken bir kazada öldüğünden, ailemizi geçindirmek de anneme kalmıştı. Bunun için evlere temizliğe gidiyordu. İlkokulda iken bir gün beslenme çantamı unutarak okula gitmiştim. Annem arkamdan benim için kurabiye getirmişti. Sanki yerin dibine geçmiştim. Keşke aç kalsaydım da onu okulda görmeseydim. Bunu bana nasıl yapabilirdi? Onu görmezden geldim, ona nefretle bakarak oradan kaçtım.

Ertesi gün sınıfta bir arkadaşım bana "Senin annenin sadece bir gözü var. Diğeri ne biçim!" dedi. Çocuklar da bu lafa gülmüşlerdi. O anda annemin ortadan kaybolmasını çok istemiştim. Bu yüzden, akşam eve gidince ona "Beni gülünç duruma düşüreceğine, ölsen daha iyiydi." diye öfkelendim. Annem bir şey demedi. Sadece yaş dolan tek gözüyle bana biraz baktı ve sessizce uzaklaştı, gitti. Dediklerim hakkında bir saniye bile düşünmemiştim çünkü çok kızmıştım. Onun iç dünyası ise beni hiç alakadar etmiyordu.

Aradan seneler geçti. Tek başıma çok çalıştım, kendime yeter oldum, sonunda İstanbul'a okumaya gittim. İyi bir tahsil yaptım, işe girdim ve bir süre sonra da evlendim. Birikimime borç ekleyerek kendime bir ev aldım. Daha sonra çocuklarım oldu, hayatımdan memnundum. Beni her zaman utandıran annemi çoktan unutmuştum.

Nereden bulmuş, nasıl etmişse bir gün annem bizi ziyarete geldi. Öyle ya, kaç senedir biricik oğlunu görmemişti. Zil çalınca çocuklarım kapıya koşuştu, karşılarında pejmürde ve tek gözlü bir ihtiyar kadın görünce birden korktular, sonra da güldüler. Bu arada ben de kapıya gelmiştim. Çocuklara "Bu gelen yabancı değil, babaanneniz." diyemedim. İçeri girmesine izin verdim lakin tepem de atmıştı. İlk fırsatta ona: "Evime böyle acayip kılıkta gelip çocuklarımı nasıl korkutabilirsin? Buradan uzaklaş, hemen git!" dedim. Bu sert çıkışıma karşılık tek gözünden sel gibi yaş akıtan annem, kısık bir sesle "Kusura bakmayın, ben yanlış adrese geldim galiba!" dedi ve çıktı, gitti.

Aradan yine uzun bir zaman geçmişti. Bir gün memleketten mezunlar toplantısı için bir mektup aldım. Karıma "İş seyahatine gidiyorum." diye bahane uydurup doğduğum şehre gittim. Mezunlar toplantısından sonra, birden aklıma düştü. Sadece meraktan eski evime gittim. Eski komşularımıza sorduğumda, annemin kısa bir süre önce öldüğünü öğrendim. Önce biraz sevinç duyar gibi oldum ama içimde bir burukluk ve sızı hissettim. Ben şaşkınca beklerken, bana verilsin diye annemin bir mektup bıraktığını söylediler. Aceleyle zarfı açtım ve mektubu okumaya başladım:

"Ey sevgili biricik oğlum, canım evladım! Her yerde, her zaman, hep seni düşündüm. Senin için ağladım, senin için güldüm. Uzaktan, yakından hep seni takip ettim, dişimden tırnağımdan artırdıklarımı sana gönderdim. Belki burs diye eline geçmiştir. Olsun, sana ulaştı ve ihtiyaçlarını giderdin ya bu da yeter. Ana yüreği... Hasretle kıvranıyordum. Ne edip ettim adresini buldum. İstanbul'a gelip çocuklarını korkuttuğum için çok üzüldüm. Mezunlar gününe çağrıldığını duydum ve geleceksin diye çok sevindim, hasretle seni bekledim. Sen gelene kadar yaşar mıyım, eğer yaşarsam yataktan kalkıp yanına gelebilir miyim bilmiyorum. Seni

büyütürken, tek gözümle sürekli bir utanç kaynağı olduğum için de üzgünüm. Biliyor musun canım evladım sen küçücükken babanla birlikte bir kaza geçirmiştin? Baban öldü fakat sen, bir gözünü kaybetmiştin. Bir anne olarak, senin tek bir gözle büyümene dayanamazdım. Bu yüzden, babandan kalan tarlayı satarak ameliyat masraflarına yatırdım. İşte, şimdi o yeri boş olan gözüm var ya, onu sana vermiştim. "O gözle, biricik oğlum görüyor ya..." diye çok mutlu oluyordum. Ana yüreği bu oğul, sana "Sen benim gözümle görüyorsun." diyemedim.

Muvaffakiyetlerinden dolayı seninle o kadar gurur duyuyordum ki bu bana yetiyordu. Her şeye rağmen, sen benim oğlumsun. Ben gülmesem de sen huzurlu ol, sen evlatlarınla rahat et, o da bana yeter oğlum. Eğer sen geldiğinde ben hayatta olmazsam bu mektubu okuduktan sonra da kavi ol, eskisi gibi dik dur oğlum. Sakın üzülme! Senin mutlu olman, huzurla yaşaman, benim yaşamam demektir. Ben annelik hakkımı canıgönülden helal ettim. Gönlün ferah olsun yavrum. Bütün muhabbetlerimle gözlerinden öperim, o koklayamadığım torunlarımın da... Annen"

Birinci Pencere:
Sen Annemsin
Sen benim dünüm, bugünüm, yarınımsın
Sen benim dinim, imânım
Sen benim sevdam
Sen benim hasretimsin
Sen gecemi aydınlatan lamba
Sen ruhuma nur saçan ayna
Sen alnından öpülesi
Sen ayaklarından öpülesi kadın
Sen ebede açılan kapı
Sen en ihtişamlı yapı
Sen âsi dalgalarda sığınılacak liman
Umarsız dertlerde tek derman
Sen sevdikçe çoğalan
Verdikçe bereketlenensin

Sen bir ömür yaşanacak dünya
Sen içilip içilip kanılmayacak derya
Sen ağzımda sütüm, dilimde duamsın
Sen damarımda akan kan
Sen bendeki can
Sen candan öte cansın
Sen benim sevgili annemsin

İkinci Pencere:

Dokuz ay karnında taşıyan, canından can, kanından kan veren, sancı çekip dünyaya getiren anadır ana! Uyku uyumayıp süt veren, gözyaşın her aktığında bağrına basan, sen doymadan doymayan, sen uyumadan uyumayan anadır ana! Parmağına diken batsa yüreği yanan, canın sıkılsa kederlenen anadır, ana! Suçun günahın boyunu aşsa, herkes sana sırt çevirse, tüm kapılar yüzüne kapansa, sorgulamadan, surat asmadan sana kollarını açan anadır ana! Bu dünyada ilk konak, çekinmeden başını sokacağın tek koyak, kanadın kırıldığında gireceğin son sığınak anadır ana! Yaptığına karşılık beklemez ana, gönlünü kırsan da kin tutmaz ana, sen iyi olursan başkaca bir şey istemez ana.

Üçüncü Pencere:

Sen düştün yine aklımın köşesine,
Yine özlemin ve yine gözlerin düştü.
Kokun mesela...

Hani kimsede olmayan sanki cennet çiçeklerinin rayihasını rüzgarla evrenime yayan...

Annem,

Şiirler yazabilmek methiyeler dizebilmek isterdim sana.

Sen ne zaman uğrasan bendeki diyarlara, kalbime huzur iksiri, ruhuma bahar yağmuru gibi dökülenimsin.

Kaybetmeyi tahayyül etmek istemediğim en değerli hazinemsin.

Umudumsun katlanılamaz zannettiğim her acıda ümit var diyerek elimi tutanımsın.

Aşksın, yâr diye sevmelerin en samimisi,

Verdiği tüm sevginin, şefkatin, merhametin karşılık beklemeyen tükenmeyen madenisin.

Çocuk kalan yanımsın hâlâ ve yanında şımarabildiğim kucağında ağlayabildiğimsin.

İnce düşünenim sevincimle sevinenimsin.

Gülen gözlerimi de kanayan yaralarımı da ilk fark edenim, teselli ve tedavi edenimsin.

Karanlıklarıma NUR, ölen yanlarıma HAYATsın.

Ve sen cennete uzanan yolum, kıymetli annemsin.

Resûl-i Ekrem (sav) buyurmuştur ki:
-"Kim anne ve babasının rızalarını alarak sabahlarsa Cennet'te ona iki kapı açılır. Aynı şekilde akşamlarsa yine kendisine Cennet'te iki kapı açılır. Anne ve babasından yalnız birisi hayatta olur da onun gönlünü hoş ederse kendisine Cennet'e giden bir kapı açılır."
Ashab-ı kirâmdan bir zât:
-"Zulmederlerse de mi?" diye sordu. Bunun üzerine Resûl-i Ekrem (sav) üç defa:
-"Zulmetseler de." buyurdu ve devamla:
-"Anne ve babasını küstürmüş olduğu halde sabahlayan kimseye iki kapı açılır. Bunlardan bir tanesi hayatta olur da onun rızasını almaz ve onu küstürürse kendisine Cehennem'e giden bir kapı açılır, zulmederlerse de, zulmederlerse de, zulmederlerse de, buyurdular."

Hadis-i Şerif

BABANIN OĞLUNA SON DERSİ

Bazı an öyle yaman,
Dünya korkar sanırım,
Biraz sabır ve iman,
Ben babamı tanırım.

Harman yanarken gördüm,
Yağmur yağarken gördüm,
Güler, ağlarken gördüm,
Ben babamı tanırım.

Ali Akbaş

> "İnsana da anne babasına iyi davranmasını emrettik. Annesi onu her gün biraz daha güçsüz düşerek karnında taşımıştır. Onun sütten kesilmesi de iki yıl içinde olur. (İşte onun için) insana şöyle emrettik: "Bana ve anne babana şükret. Dönüş banadır." "Eğer, hakkında hiçbir bilgi sahibi olmadığın bir şeyi bana ortak koşman için seninle uğraşırlarsa, onlara itaat etme. Fakat dünyada onlarla iyi geçin. Bana yönelenlerin yoluna uy. Sonra dönüşünüz ancak banadır. Ben de size yapmakta olduğunuz şeyleri haber vereceğim."
>
> **Lokman/14-15**

Yaşı hayli ilerlemiş bir baba ile onu ziyarete gelen orta yaşlarda ve saygın bir işi olan oğlu sohbet etmektedir. O anda üzerinde oturdukları sedirin yanındaki pencerenin pervazına bir karga konar. Yaşlı baba, kargaya gülümseyerek bir süre baktıktan sonra oğluna sorar:

-"Bu ne oğlum?" Oğlu, şaşkın bir halde cevap verir:

-"O bir karga baba." Yaşlı baba, kargaya bir süre daha baktıktan sonra tekrar sorar:

-"Bu ne oğlum?" Oğlu daha da şaşkın, yine cevaplar:

-"Baba, o bir karga!" Karga hâlâ pervazda, komik hareketlerle başını sağa sola çevirir; sonra başını yine içerdekilere çevirir. Yaşlı baba üçüncü defa sorar:

-"Bu ne oğlum?" Oğlunun şaşkınlığı huzursuzluğa dönüşür:

-"O bir karga baba, üç oldu soruyorsun. Beni duymuyor musun?" Yaşlı baba, dördüncü defa da aynı soruyu sorunca oğlunun sabrı taşar ve sesini yükseltir:

-"Baba, bunu neden yapıyorsun? Tam dört defadır onun ne olduğunu soruyorsun, sana cevap veriyorum ve sen hâlâ sormaya devam ediyorsun. Sabrımı mı deniyorsun?" Baba gülümseyerek yerinden kalkıp odadan çıkar ve elinde bir defterle döner. Bu bir hâtıra defteridir. Oturur, sayfalarını karıştırır ve aradığını bulur. Defteri oğluna uzatır ve o sayfayı okumasını söyler. Defterde şu satırlar yazılırdır:

"Bugün üç yaşındaki minik yavrumla salondaki sedirde otururken yanı başımızdaki pencerenin pervazına bir karga kondu. Oğlum tam yirmi üç defa onun ne olduğunu sordu. Yirmi üç defa ona sevgiyle sarılarak onun bir karga olduğunu söyledim. Rahatsız olmak mı? Hayır! Onun sorusunu masumca tekrar edişi içimi sevgiyle doldurdu."

Birinci Pencere:

Baba hayatta muadili olmayan iki varlığımızdan biri. Varlık sebebimiz... Elini tuttuğumuz, başımızı göğsüne yasladığımız, sırtımızı verdiğimiz çınarımız. Sevgisi bedelsiz, verişi hesapsızdır. Ömründen ömür istesen yoluna sebil olacak varlığımızdır.

Hepimizin en büyük imtihanı aynı zamanda... Kıymetini kaybedince anladığımız, haklarını ödeyemediğimiz insanlar... Onun duasını almadan yola çıkan yaya kalır, onun rızası olmadan tutulan işin sonu bereketsizdir. Babanın duası âbâd, bedduası berbat eder.

İkinci Pencere:

Hayat ne garip... Doğdun, ağzında diş yoktu, başında saç... Yürüyemiyordun, konuştukların anlaşılmıyordu. Karnını birilerinin doyurması gerekiyordu, altını birilerinin değiştirmesi gerekiyordu, birilerinin seni yıkaması, elbiselerini değiştirmesi gerekiyordu. Yalnız kalamıyordun. İlk adımlarını attığında bir yere tutunman gerekiyordu, bazen düşüyordun. İsteklerin olmadı mı ağlıyordun. Büyüdün... Seni büyütenler yaşlandı. Ağızlarındaki dişler, başlarındaki saçlar döküldü. Elleri ayakları tutmuyor, bastonla yürüyorlar, kendi başlarına yemek yiyemiyorlar. Bir bebek gibi ihtiyaçlarını göremiyorlar. Altlarına bez bağlananlar, yerinden kalkamayanlar var. Bebekken sana ne yaptılarsa senin de onlara aynısını yapman gerekiyor. Şimdi borcunu ödeme vakti dostum. Hayat ne garip!

Üçüncü Pencere:

Baba denilince ne çok cümle kurulmuştur, Âdem'den bugüne. Kimi zaman kaya gibi sert duruşu, kimi zaman sığınılacak en güzel liman oluşu, kimsesizlikte varılan kapı, ailenin en sağlam yanı, gölgesi; tüm evlatlarına yeten çınar, kana kana içilse suyu bitmeyen pınar gibi örneklemeler uzar gider. Tüm bunlarda ortak bir yan bulsak da farklı olan iç dünyanda babana duyduğun muhabbette saklıdır. O özneldir işte. Zahirde babalar şefkat kahramanlığını annelere kaptırmış gibi görünseler de bir evlat için ayakları yere sağlam basmanın hayata bir adım önde başlamanın adıdır baba.

Bir zamanlar onlara muhtaç iken biz, değiştiyse roller, en azından onun sana gösterdiği şefkat kadarını göstermen ilahi emirdir vesselam. Ve şöyle dedi Rabbin: "Onlara merhamet ederek tevazu kanadını indir ve de ki: 'Rabbim! Tıpkı beni küçükken koruyup yetiştirdikleri gibi sen de onlara acı.'" (İsra/24)

Sahabiden biri sordu:
-"Ya Resûlallah! Anne-babanın evlat üzerinde ne hakkı vardır?" Peygamber Efendimiz (sav):
-"Onlar senin ya Cennetin ya Cehennemindir (Onlara iyilik yaparsan Cennete, kötülük yaparsan Cehenneme gidersin.)." buyurdu.
Hadis-i Şerif

ZİMEM DEFTERİ

Bir zamanlar biz de millet, hem nasıl milletmişiz:
Gelmişiz dünyâya milliyyet nedir öğretmişiz!
Kapkaranlıkken bütün âfâkı insâniyyetin,
Nûr olup fışkırmışız tâ sînesinden zulmetin;
Yarmışız edvâr-ı fetretten kalan yeldâları;
Fikr-i ferdâ doğmadan yağdırmışız ferdâları!

Mehmet Akif

"Mallarını Allah yolunda harcayanların durumu, yedi başak bitiren ve her başakta yüz tane bulunan bir tohum gibidir. Allah dilediğine kat kat verir. Allah lütfu geniş olandır, hakkıyla bilendir."

Bakara/261

Vakıf, hizmet ve irfan medeniyetinin egemen olduğu dönemlerde, mukaddes zamanlarda çoğunlukla kılık kıyafet değiştirmiş zenginler, hiç tanımadıkları mıntıkalara giderler; bakkal, manav, giysi dükkanlarına girerler, tenha zamanları seçerek sorarlarmış:

-"Zimem defteriniz (veresiye defteri) var mı?" Dükkân sahibi defteri çıkarınca, gelen şöyle dermiş:

-"Lütfen şu kadar sayfanın hesabını çıkarınız?" Esnaf, söyleneni yapınca, gelen kesesini çıkarır, borcu ödermiş:

-"Silin borçlarını. Allah kabul etsin." der, çeker gidermiş. Borcu ödenen, borcunu ödeyenin kim olduğunu; borcu sildiren, kimi borçtan kurtardığını bilmezmiş."

Birinci Pencere:

Nerde kaldı? Üç kıtada at koşturduğumuz, dünyaya nizam verdiğimiz günler nerde kaldı? Gittiğimiz yere adalet götürdüğümüz, fethettiğimiz yeri emin kıldığımız, hoşgörüyle hükmettiğimiz günler nerde kaldı? Mazlumun yanında, zalimin karşısında olduğumuz, çağ açıp çağ kapattığımız, tarih yazıp medeniyetler kurduğumuz günler nerde kaldı? Alimler, şairler yetiştirdiğimiz, bilimde, teknolojide önder olduğumuz günler nerde kaldı? Nerde kaldı Yavuzlar, Fatihler, Yunuslar, Mevlanalar, Piri Reisler, İbni Sinalar?

Nerde kaldı komşusu açken tok yatmayan ümmet, nerde muhaciri kardeş bilen ensar, nerde zekat verecek fakir bulunmadığı günler? Dünya değişti, insan değişti, değerler değişti dostum. Çıkarlarımızın peşine düştük, kendimizden başkasını düşünmez olduk. Nerde kaldı, ne kaldı?

Bizi bu bataktan çıkaracak gençlik nerde kaldı?

İkinci Pencere:

Son zamanlarda ana akım medyada dikkat çeken bir haber: “Yerli Robin Hood falan ilde ortaya çıktı ve esnafın borçlarını kapattı.” El-insaf! Ne zamandan beri Batı’nın haydudu bizim irfan ve infak sahibi gönül insanlarımızın yerini aldı? Bu asil ve aziz millet “Sağ elinin verdiği sadakayı sol eli görmeyecek.” anlayışıyla terbiye olmuş bir millet. İrfan ocakları hayatın dışına itildiğinden beri bu tür davranışların eksikliğini yaşıyoruz belki. Ancak son dönemde o irfan ocaklarında pişenlerin hayatımıza dokunduğunu görmek yarın adına umutlarımızı da çoğaltmıyor değil.

Üçüncü Pencere:

Anlatır masal gibi eskiler,
Güzel günlerimiz vardı bizim derler,
Güzel günler,
Gizli saklı birbirimizi kolladığımız,
İncitmeden gönüller onardığımız,
Komşusu açken tok yatmaya utananlarımız…
Bana ne ki demeyenlerimiz mesela,
Kanayan yara görünce ağlayanlarımız, yanan ciğerlerimiz,
El uzatanlarımız vardı, düşeni tutup kaldıranlarımız…
Belki hâlâ var diyorum umudumu yenilercesine,
Hâlâ vardır ama kısık sadece seslerimiz.

“Gizlice verilen sadaka Allah Teâlâ’nın gazabını söndürür.”
Hadis-i Şerif

İLM-İ SİYASET ÖĞREN

El ariftir yoklar senin bendini,
Dağıtırlar tuzağını fendini,
Alçaklarda otur gözet kendini,
Katı yükseklerden uçucu olma!

Karacoğlan

"Şüphe yok ki Allah, onların gizlediklerini de açığa vurduklarını da bilir. O, büyüklük taslayanları hiç sevmez."

Nahl/23

Uzun yıllar medresede öğrenim gören talebe artık yeterli birikime ulaştığını, bundan sonra hayata atılarak halka hizmet edebileceğini düşünerek hocasının kapsını çalar:

-"Hocam, bunca yıldır okuyorum. Derslerinize devam ediyorum. Gerekli birikimi elde ettim. Bana diplomamı verin. Bundan sonra halkıma hizmet etmek istiyorum." der. Talebesini dikkatle dinleyen hoca:

-"Evladım haklısın. Yıllardır derslerime devam edersin. Gerekli bilgileri aldın. Ancak bir ders daha var senin okumadığın. O dersi okumadan hayata atılırsan beklediğin neticeleri alamaz, çok da sıkıntı çekersin. Sana tavsiyem ilm-i siyaset dersini de oku ondan sonra gidersin." der. Talebe:

-"Hocam, beni mazur görün. Zira ben gerekli birikimi kazandım, yeterli ilmi elde ettim, bundan sonra halka hizmet etmek istiyorum. Allah sizden razı olsun." der ve hocasının elini öperek izin ister. Hoca, talebenin bu kendini beğenmiş halinden hoşnut olmaz ancak ona engel de olmak istemez. Diplomasını verip gönderir.

Talebe, müthiş bir öz güvenle yollara düşer. Kendine gösterilen bir kasabaya gelerek orada bulunan camide göreve başlamak ister. Camiye geldiğinde onu halkın içinden çıkan ve mektep medrese görmemiş bilgisi sınırlı, alaylı bir imam karşılar. Halk da cahildir. Talebe, geçici olarak görev yapan imama durumu anlatır. Artık bundan sonra camide kendinin görev yapacağını söyler. Halk imamı, statüsünü ve ekmeğini kaybedeceğinden durumdan memnun olmaz ancak elinden de bir şey gelmez. Son çare olarak talebeye bir teklif yapar:

-"Ben yıllardır halka hizmet ediyorum. Onların ölüsüne dirisine koşturuyorum. Şimdi böyle bir durumla karşı karşıyayız. Halk bizi bir imtihan etsin. Sen nasılsa mektep medrese görmüş adamsın. Senin nasıl âlim bir kişi olduğunu görsünler ki benden vazgeçsinler."

Talebe teklifi hemen kabul eder. Halk imamına sorar:

-"Nasıl bir imtihan olacak?" İmam:

-"Şimdi halkın önüne çıkacağız. İkimiz de elimize "at" yazacağız. Halkımız hangisini beğenirse imtihanı o kazanacak?"

-"Peki." der talebe ve birlikte halkın huzuruna çıkarlar. İmam, cemaate durumu anlatır. Kimin daha güzel "at" yazdığını belirlemelerini ister. İmtihanı kazananın bundan sonra imamlık görevine devam edeceğini söyler. Her ikisi de eline at yazmak için işe koyulur.

Talebe, hüsn-i hat ile at yazar. İmam da eline at resmi yapar. Süre dolduğunda her ikisi de elini cemaate çevirir. İmam sorar:

-"Hangimizin yazdığı at?" Halk zaten cahil olduğundan imama:

-"Tabii ki seninki at hocam!" der. İmam elinden ekmeğini almak için gelen bu toy talebeye dersini verir ve onu tekme tokat dışarı attırır. Talebe kasabadan ayrılır, nerede yanlış yaptığını düşünerek medreseye döner. Hocasına durumu anlatır. Hoca:

-"Evladım, ben sana demedim mi, şu ilm-i siyaset dersini de oku öyle git, diye?" der. Talebe:

-"Haklısın hocam." deyip derslere başlar.

Altı ay daha medresede kalır ve ilm-i siyaset dersini okuyarak, diplomasını alır ve aynı kasabaya tebdil-i kıyafetle gelir. Camiye girdiğinde imam tarafından karşılanır. İmama:

-"Hocam, ben falan medreseden geliyorum. Geçerken kasabanıza uğradım. Müsaade edersen bugün öğle namazında cemaate vaaz u nasihatte bulunmak isterim." der. İmam:

-"Tabii hocam, buyurun, kürsü sizin." der.

Talebe kürsüye çıkar. Cemaatin duygu dünyasına hitap eden çok etkili bir vaaz verir. Cemaat o hale gelir ki ne istenirse yapacak kıvamdadır. Vaazın sonunda talebe:

-"Ey cemaat, size yıllardır hizmet eden, ölünüze diriniz koşturan, size imamlık eden şu imamınız var ya, bu zat öyle mümtaz, öyle muhterem, öyle mübarek bir insandır ki bunun sakalından bir tel koparan vallahi cennetliktir." der demez bütün cemaat, imamın üzerine çullanır ve saç sakal parça pinçik ederler adamı. İmam canını zor kurtarır. Bundan sonra talebe, huzur içinde camide göreve başlar.

Birinci Pencere:

Kelimeler deryasından geçerken,
Doğru limana yanaştırabilmek cümleler gemisini,
Sanat ister, marifet ister, akıl ister.
Yerinde durmak, zamanında varmak,
O işte ehil bir kaptan ister.
Kalbin dilini söze dökmek,
Zarafet ister, letafet ister, aşk ister.

İkinci Pencere:

Ne demiş Mevlâna, "Senin bilgin karşıdakinin anlayışı kadardır." Ne kadar biliyorum deme o halde!

Halk adamı denen bir olgu vardır. Hayatın yoğurup pişirdiği tiplerdir onlar. Değme âlimleri cebinden çıkartırlar. Karşındakini asla hafife alma, analar neler doğurur. Rakibi küçük gören davayı o anda kaybetmiş demektir.

Sözü muhataba göre kullanmak gerek. Bu da irfan gerektirir. Hamlık, bilgi ile giderilmez. Tecrübe ile yoğrulmak, tevazu ile pişmek gerek. Halkın terazisine çıkmadan kaç okka geleceğini bilemez insan. İnanan insan bilgisiyle övünmez ayrıca. Ham bilgi kibre götürür. Kibir, tevazu ve vakar gibi hallerle yok olur. Öne çıkmadan bilgini tevazu ile birleştir. Gönlünü engin eyle, yükseklerden uçma.

Üçüncü Pencere:

Bilmek marifet değil, bilgiyi aktarmakta hüner. Zira ne kadar anlatırsan anlat, karşındaki izanınca anlar seni. Seviye gözetmezsen eğer beyhude yorarsın hem kendini hem de dinleyeni. Boşa dememiş büyükler "Müşterisiz mal zayidir." Doğru tek ama dile getirmek için pek çok yol bulunur. Neyi nasıl söyleyeceğini bilirsen eğer yolun hep açık olur.

"İnsanlara akıllarına göre konuşunuz."

Hadis-i Şerif

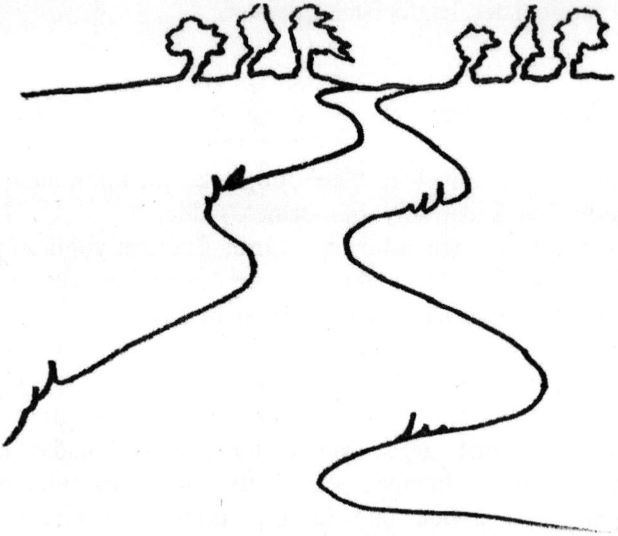

ÇATININ MEYLETTİĞİ TARAF

Aylar tepe, yıllar dağ zincirleri,
Zirveler aşarsın haberin olmaz.
Dur, durak bilmeden doğuştan beri,
Mezara koşarsın haberin olmaz.

Abdurrahim Karakoç

"Ey iman edenler! Allah'a karşı gelmekten sakının ve herkes, yarın için önceden ne göndermiş olduğuna baksın. Allah'a karşı gelmekten sakının. Şüphesiz Allah, yaptıklarınızdan hakkıyla haberdardır."

Haşr/18

Behlül-i Dânâ Bağdat sokaklarında dolaşırken çatısı bir tarafa meyletmiş bir ev görür. Evi uzunca seyredip tebessüm ederek oradan ayrılır. Bundan sonra ne zaman o sokaktan geçse tefekküre dalar ve gülümser. Bir gün bakar ki ev yıkılmış. Millet pürtelaş enkazın altından can, mal kurtarma derdine düşerken Behlül-i Dânâ gülümser. Onun bu halini görenler yanına yaklaşıp neden güldüğünü sorarlar. Behlül:

-"Ben günlerdir bu sokaktan geçiyordum ve bu evi görüyordum. Evin çatısı bir tarafa meyletmişti. Şimdi görüyorum ki çatı meylettiği tarafa yıkılmış. Ona gülüyorum." diye cevap verir. Halk:

-"Yahu bunda gülecek ne var? Elbette çatı meylettiği tarafa yıkılacak." deyince Behlül:

-"Bakın, çatı meylettiği tarafa yıkıldı. Şimdi Azrail gelse bana dese ki: 'Ya Behlül ver şu emaneti!' Acaba benim şu günahkâr bedenim ne tarafa doğru yıkılacak? Düşündüm ki her şeye rağmen bu beden Allah'a doğru yıkılacak. Onun için gülüyorum." der.

Birinci Pencere:

Farkındalık önemli bir kavram. Şuur sahibi olmak yerine de kullanılıyor. Kişinin varlık bilincine varması, içinde bulunduğu şartları değerlendirebilmesi, sorumluluklarının farkında olması hep bu kavramla ifade ediliyor şimdilerde.

Yaşadığı hayatın farkında olmak, akledebilmek... Şair diyor ya *"Gökyüzünün başka rengi de varmış/Geç fark ettim taşın sert olduğunu/Su insanı boğar ateş yakarmış/Her doğan günün dert olduğunu/İnsan bu yaşa gelince anlarmış"* yaşadığımızı, fark ettiğimizi zannederiz ama çoğu zaman elimizden kayıp gidince anlarız varlıklarımızın kıymetini.

Sorumluklarımızın farkına varmadan yaşar gideriz bir ömür boyu. Perde kapanmaya yakın zamanlarda akıl başımıza gelir. Heyhat iş işten geçmiştir, giden geri gelmeyecektir.

Asıl maharet, gafleti yıkabilmek, gönlü daima diri tutabilmek. Bunun da yolu Allah'ı unutmamak ve ölümü hatırlamak.

İkinci Pencere:

Elbet her faninin bir ömrü var. Kimi bir gün, kimi bir yıl, kimi on, kimi yüz yıl... Ne kadar yaşarsan yaşa bir gün hayatının son günü olacak ve ölüm kapıyı çalacak. İşte o zaman ne kadar yaşadığın değil nasıl yaşadığın önemli olacak. O an gelmeden sor kendine dostum: Hayra mı meylediyorsun, şerre mi, Hakk'a mı meylediyorsun batıla mı? Tekrar sor kendine: Meylettiğin yöne doğru mu yaşıyorsun yoksa tam tersi istikamete mi? Sor kendine...

Üçüncü Pencere:

Doğduk dünya zindanına, elimizde bembeyaz bir sayfa,
Çizdik, boyadık, karaladık; hesabı bıraktık Allah'a.
Bitmez sanılan gençlik bile taşınmıyor yarına.
Değmiyor dünya yaşattığı onca pişmanlığa.

"Nasıl yaşarsanız öyle ölürsünüz, nasıl ölürseniz öyle dirilirsiniz!"

Hadis-i Şerif

SEMERCİ BEKİR USTA

Eşeklerin canı yükten yanar, aman, derler,
Nedir bu çektiğimiz derd, o çifte çifte semer!
Biriyle uğraşıyorken gelir çatar öbürü;
Gelir ki taş gibi hâin, hem eskisinden iri.
Semerci usta geberseydi... Değmeyin keyfe!
Evet, gebermelidir inkisâr edin herife.
Zavallı usta göçer bir gün âkıbet, ancak,
Makâmı öyle uzun boylu nerde boş kalacak?
Çırak mı, kalfa mı, kim varsa yaslanır köşeye;
Takım biçer durur artık gelen giden eşeğe.
Adam meğer acemiymiş, semerse hayli hüner;
Sırayla baytarı boylar zavallı merkepler.
Bütün o beller, omuzlar çürür çürür oyulur;
Sonunda her birinin sırtı yemyeşil et olur.
"Giden semerciyi, derler, bulur muyuz şimdi?
Ya böyle kalfa değil, basbayağ muallimdi.
Nasıl da kadrini vaktiyle bilmedik, tuhaf iş:
Semer değilmiş o rahmetlininki devletmiş!"
Nâsîhatim sana: Herzeyle iştigâli bırak;
Adamlığın yolu nerdense, bul da girmeye bak.
Adam mısın: Ebediyyen cihanda hürsün, gez;
Yular takıp seni bir kimsecik sürükleyemez.
Adam değil misin, oğlum: Gönüllüsün semere;
Küfür savurma boyun kestiğin semercilere."
Mehmet Akif Ersoy

> "İnsan için ancak çalıştığı vardır. Şüphesiz onun çalışması ileride görülecektir."
>
> **Necm/39-40**

Köyün yaşlı semercisi Bekir Usta ölmüştür. Bütün eşekler köy meydanında toplanıp ölümden duydukları memnuniyetle tepinip oynamaya başlarlar.

Yaşlı ve hasta bir eşek duvar dibinde manzarayı seyrederek tefekküre dalar. Bir müddet sonra oyuna dalan eşekler yaşlı eşeğin halini görünce etrafına toplanıp:

-"Haberin yok herhalde, semercimiz öldü." derler.

-"Ne olmuş öldüyse?" diye cevap verir yaşlı eşek.

-"Artık sırtımız yara bere olmayacak, özgür olacağız." der diğer eşekler.

-"Nasıl bir özgürlükmüş bu?" diye sorar yaşlı eşek.

-"Semerci olmayınca artık sırtımıza semer yapılmayacak. Böylece sahiplerimiz bize yük taşıtamayacak. Kırda bayırda istediğimiz gibi otlayıp dolaşacağız." diye cevap verir diğer eşekler. Yaşlı eşek söylenenleri dinler ve acı acı güler:

-"Şaşarım aklınıza! Bugün sevinçle tepineceğinize, aslında yas tutmanız gerekir. Bekir Usta iyi kötü sırtımızın ölçüsünü biliyor, bizi rahatsız etmeyecek semerler yapıyordu. Yarın öbür gün acemi bir semerci getirirler, sırtınız yara bereden kurtulmaz. İyisi mi siz semerciden değil eşeklikten kurtulmanın yolunu arayın. Eşek kaldıkça, sırtınıza bir semer yapan bulunur elbet." der.

Birinci Pencere:

Eskiler "Gül ağacı değilem, her gelene eğilem" diyor ya
Aklını başına almadığında çok olur seni kullanan da,
Sırtına yük vuran da.
Değişmedikçe sen,
Dünya değişse okunmaz esâmen.

İkinci Pencere:

İnsan irade sahibidir. Yaradan irade verdi ve bizi seçimlerimizde özgür bıraktı. Seçimlerimizle katılıyoruz bu dünyadaki sınava. İradesini ipotek eden insan kukladır. Boğazına tasma geçirilmiş hayvandan farkı yoktur.

İtaati kölelikle karıştırma ey!

Kölelik zillettir, itaat yükseliş. İtaat özgür iradeyle, imanla olur. Çıkarları uğruna aklını ve kalbini başkalarına bağlayan köleleşmiş insandır.

Üçüncü Pencere:

Önce kendini tanımalı insan. Gücünün, kuvvetinin, yapabileceklerinin ve yapamayacaklarının farkına varmalı. Emeğinin sömürülmesine, hakkının elinden alınmasına, alın terinin gasp edilmesine müsaade etmemeli. Onu kullanmaya çalışanlara mecbur olmadığını anlamalı. Zora koşulduğunda alternatifler üretmeli ve "hayır" diyebilmeli. Fırlatıp atmalı sırtındaki yükleri. İşte o zaman ayakları üzerinde durabilir ve özgürlüğü tadabilir. Sadece insan mı? Herkes atmalı sırtındaki semeri, toplum da atmalı, ülke de atmalı sırtındakini...

"Hiçbir kimse kendi elinin emeğinden daha hayırlı bir gıda yememiştir."

Hadis-i Şerif

YILANIN EĞRİSİ TİLKİNİN DOĞRUSU

Bozuk şu dünyanın temeli bozuk,
Tükendi daneler kalmadı azık.
Yazıktır şu geçen ömrüme yazık,
Bir dost bulamadım gün akşam oldu.

Kul Himmet

> "Ey iman edenler! Allah'a karşı gelmekten sakının ve doğrularla beraber olun."
>
> **Tevbe/119**

Tilki bir gün bir ağacın yandığını ve ağacın tepesinde yardım isteyen bir yılan olduğunu görür. Hiç düşünmeden yılanı kurtarır. Beraber yola devam ederler. Bir dereden karşıya geçmeleri gerekir. Yılan, tilkiye:

-"Arkadaş, ben yüzme bilmem, beni sırtına al; öyle geçelim." der ve tilki, yılanı boynuna dolar; karşıya geçerler. Yılan, karşıya geçtikleri hâlde tilkinin boynundan ayrılmaz. Tilki ona boynundan neden ayrılmadığını sorar. Yılan:

-"Arkadaş ben yılanım, benim doğamda sokmak var; seni sokmam lazım." der. Tilki, durumun vahametini anlar. Yılana yalvarır yakarır, yaptığı iyiliği hatırlatır ama nafile ne dediyse yılanı ikna edemez. Sonunda:

-"Arkadaş madem sokacaksın, sokmadan önce şu güzel gözlerini dünya gözüyle bir göreyim." der.

Tilkinin bu kurnazlığına kanan yılan kafasını uzatır, tilkiyle göz göze gelmesiyle kellesinin yere düşmesi bir olur. Tilki, yılanı boylu boyunca uzatır ve karşısına geçer.

-"Yılan arkadaş, ben eğri büğrü arkadaş istemem, benle arkadaş olacaksan dosdoğru olacaksın der!"

Birinci Pencere:

Halk tabiridir: İnsan olan yediği kapıya kör bakmaz; yediği kaba pislemez. Buna da vefa derler.

Vefayı çıkar duygularımızın esiri ettik maalesef. Yola çıktıklarımızı çoğu zaman yolda bulduklarımızla değiştirir olduk. Dostluğu, arkadaşlığı öldürdük. İnsan tarafımızı aşındırdık. Gittikçe tükeniyoruz!

İyilerle olan insan izzet ve şeref kazanır. Kötülerle olan zillete düşer, itibar kaybeder.

İnsan kiminle birlikte olduğuna bakmalı.

Bülbül güle, karga pisliğe götürür.

İkinci Pencere:

Ne zaman uğrarsak musibete belaya,
Dua denizine dalar, günah çamurunu yıkarız orada.
Bir daha düşmeyecekse işin Hak Teâla'ya,
Nankör fıtratına bürünür düşersin aynı hataya.

Üçüncü Pencere:

"İyiliğe iyilik her kişinin harcı, kötülüğe iyilik er kişinin harcı." demiş atalar. Ya iyiliğe kötülük kimin harcı? O da şer kişinin harcı olmalı. Şer kişinin yaptığı kötülük eninde sonunda kendini bulur. Başkasına zarar verse de en büyük zararı kendine olur. Bir gün aklını başına alırsa alır, almazsa, başından olur.

Sahabiden biri geldi ve Peygamberimize:
-"Ya Resûlallah bana İslam'ı öyle tanıt ki bir daha onu başkasına sormayayım!" dedi. Peygamberimiz:
"Allaha inandım de sonra da dosdoğru ol!" buyurdu.

Hadis-i Şerif

ÇAKALIN KRALLIĞI

Çeşm-i insâf gibi kâmile mizân olmaz
Kişi nokşanını bilmek gibi irfân olmaz

Tâlibî

> "Her ümmet için, Allah'ın kendilerine rızık olarak verdiği hayvanlar üzerine ismini ansınlar diye kurban kesmeyi meşru kıldık. İşte sizin ilahınız bir tek ilahtır. Şu halde yalnız ona teslim olun. Alçak gönüllüleri müjdele! Onlar, Allah anıldığı zaman kalpleri ürperen, başlarına gelen musibetlere sabreden, namazı dosdoğru kılan ve kendilerine rızık olarak verdiklerimizden Allah yolunda harcayan kimselerdir."
>
> **Hac/34-35**

Çakalın biri boyacı küpüne düşmüş ve rengârenk bir halde ormana dönmüş. Onu gören orman ahalisi, ilk defa gördükleri bu renkli hayvana biraz hayranlıkla biraz da çekinerek:

-"Sen kimsin?" diye sormuşlar. Diğer hayvanların kendini tanımadığını ve çekindiğini gören çakal:

-"Ben yeni kralım." diye cevap vermiş. Bir kısmı karşı çıksa da orman ahalisi, ilk defa gördükleri bu hayvandan etkilenerek onun krallığını kabul etmiş. Çakallar durumu anlamış anlamasına ama kendilerinden biri kral olacağı için ses çıkarmamışlar.

Hayvanlar hep birlikte ormanın en yüksek tepesinde yaşayan aslanın yanına gidip yeni kralı takdim etmişler. Aslan durumu anlamış ancak diğer hayvanların çakalın krallığına ilgisini görünce bir şey dememiş, çakala dönüp:

-"Tamam, artık kral sensin ama ben de bunca yıllık kralım, müsaade et, bundan sonra da vezirin olayım." demiş. İşini aslana yaptırıp krallığının tadını çıkaracağını düşünen çakal, bu teklifi kabul etmiş.

Günler böyle geçerken bir gece dolunay çıkmış ve bütün çakallar ulumaya başlamış; bizim kral çakal da fıtratının gereği, çıkmış en yüksek tepeye, başlamış ulumaya. Ormandaki hayvanların hepsi onun uluduğunu görmüşler. Herkesin her şeyi gördüğünden emin olan aslan da yaklaşıp pençesiyle çakalın ensesinden tutmuş. Çakal şaşkınlık ve korkuyla:

-"Beni nasıl tanıdın?" diye sorunca, aslan:

-"Ben senin çakal olduğunu hep biliyordum da millete nasıl anlatacağımı bilmiyordum, şimdi herkes anladı." diyerek çakalı uçurumdan aşağı atmış.

Birinci Pencere:

Fırsat tanırız bazen içimizde sinsice dolaşan bin bir maskeli şeytanlara!

Mühlet veririz bile bile anlaşılmaları için tüm kalplerde.

Feraset sahipleri ve yüreğinde doğruluğun zerresini taşıyanlar, görür sahte yüzlerin ardındaki gerçekleri.

Kırk cümbüşe bürünsen de özün ne ise,
Gerçeğin yağmuruyla yıkanınca,
O çıkacak ortaya.

İkinci Pencere:

Aslolan özdür. Şekli değiştirmekle içerik değişmiş olmuyor. Ne demişler? "Eşeğe altından semer de vursan eşek yine eşektir."

İnsan davranışlarının altında birtakım fıtrî "kök duygular" vardır. Menfaat duygusu da bunlardan biridir. Bu kök duygu; çıkar, kendini düşünme, büyüklenme, aç gözlülük gibi yancı duygularla beslenir.

Hani bir şeyin azı karar, çoğu zarardır denir ya menfaat duygusu, insanın dünya hayatını sürdürebilmesi için gerekli bir duygudur ancak haddi aşınca insanı kontrolden çıkaran vahşi bir duygu haline dönüşmektedir.

İnsan haddini ve hesabını bilmeli. İnsanın haddini de bilgisi, donanımı, ehliyeti ve tecrübesi belirler. Yani insan eylemlerinde ederi kadar hareket etmelidir. Olduğundan fazla görünmeye çalışan, kaldıramayacağı yükün altına giren mahcup olur; ezilir.

Üçüncü Pencere:

Çakallar her an pusuda dostum!

Piyasaya çıkmak için fırsat kolluyor. Onların sermayesi hep yalan dolan. Menfaat için yapmayacakları yok. Meydanı çakallara bırakmamak için uyanık ol. Her söylenene inanma. Sor soruştur araştır. Yüzlerdeki maskeye aldanma, yapmacık davranışlara kanma. Kabuğu sağlam olanın özünü de sağlam sanma.

Çakallar her an pusuda dostum!

"Kim Allah için tevazu gösterirse Allah onu yükseltir, kim de kibirlenirse Allah onu alçaltır." buyurulmuştur."

Hadis-i Şerif

HAKK'I ARAMAK

Her şey, her şey şu tek müjdede;
Yoktur ölüm, Allah diyene.
Canım kurban, başı secdede,
İki büklüm, Allah diyene.

Necip Fazıl Kısakürek

> "Ey iman edenler! Sizi elem dolu bir azaptan kurtaracak bir ticaret göstereyim mi size? Allah'a ve peygamberine inanır, mallarınızla ve canlarınızla Allah yolunda cihat edersiniz. Eğer bilirseniz, bu sizin için çok hayırlıdır."
>
> **Saff/10-11**

Bir gece yarısıydı. İbrahim Ethem, tahtının üzerinde uyuyakalmıştı. Birden sarayının damında müthiş bir gürültü ve patırtı çıktı. Yüksek sesle bağrışıp çağrışmalar gittikçe çoğaldı ve en nihâyet sultanı uyandırdı. Sultan İbrahim Ethem, hızla yerinden doğrularak dama doğru seslendi:

-"Kim var orada? Gecenin bu saatinde damda ne yapıyorsunuz?" Derinden bir cevap geldi:

-"Kaybolan devemizi arıyoruz sultanım!" İbrahim Ethem hiddetle seslendi:

-"Damda deve aranır mı bre ahmaklar?" Damdan cevap geldi:

-"Ey İbrahim Ethem! Sen damda deve aranmayacağını biliyorsun da üzerinde yattığın kuş tüyü yataklar, sırtındaki ipekli elbiseler, başındaki taç, elindeki kırbaç ve oturduğun tahtla Hakk'ı arayıp bulamayacağını bilmiyor musun?"

Birinci Pencere:

Arayalım...

Aramayla bulunmaz ama olsun biz yine de arayalım. Değil mi ki bulanlar arayanların ta kendileridir, biz de arayalım. Menzile varamasak da yolda olalım. Bir yolcu nasıl olursa biz de öyle olalım. Yüklerimizden kurtulalım, ağırlıklarımızı atalım, azıklarımızı dürelim. Evleri, apartmanları gönüllerimize değil, toprağa dikelim, otomobilleri aklımıza değil garajlara çekelim. Gece gündüz arayalım, gündüz gece arayalım. Arayış neyi gerektiriyorsa öyle bir halde arayalım.

İkinci Pencere:

İnsanın yaratılış gayesi, kulluk ve Rabb'ini bilinmesidir.

"Allah'ı biliyor ve seviyoruz. Ona iman ediyoruz." diyoruz da acaba ne kadar biliyoruz, ne kadar seviyoruz? İmanımızın derecesi nedir? Allah'ı bilmek, sevmek, ona iman etmek hayatımıza nasıl yansıyor? Diğer bir ifadeyle hayatımızı nasıl değiştiriyor?

Kendimizi bir hesaba çekelim. Bilme ve sevme sonunda gerçekleşecek bir iman, Allah'ın istediği bir hayatı yaşamayı gerektirir. Peki, bizim imanımız Allah'ın istediği bir hayatı yaşamayı ortaya çıkardı mı? İmanımız, bizi nelerden vazgeçirdi? Dünyanın zevki sefası, malı mülkü, makam mevkii nerede duruyor? Eğer bunlar hayatımızda öne çıkıyorsa imanımızda sorun var demektir.

Gerçek kulluğa ulaşabilmek için önce dünyanın ölümlü, gösterişli, gelgeç sevdalarından vazgeçmek lazımdır. İhtiyaçlarımızdan değil ihtiraslarımızdan vazgeçmek...

Üçüncü Pencere:

Arama!
Adalet arama, vicdan olmayan beldede.
Şefkat arama, gözyaşı bilmeyen yürekte.
Saygı arama, terbiye görmeyen kimsede.
Edep arama, haddini bilmeyen nesilde.
Sabır arama, dirayetli olmayan bedende.
Muhabbet arama kalp olmayan sinede.
Arama, bulamayacağın hasletleri olmayan yerlerde...

"Şu üç şeyi kendinde bulunduran imanın tadını alır: Allah ve Resûl'ünü her şeyden fazla seven. Bir kulu başka bir maksatla değil de sadece Allah için seven. Allah tarafından küfürden kurtarıldıktan sonra tekrar küfre dönmeyi ateşe atmak kadar çirkin ve korkunç gören."

Hadis-i Şerif

STATÜKOYA TESLİM OLMAK

Tohum saç, bitmezse toprak utansın!
Hedefe varmayan mızrak utansın!
Hey gidi Küheylan, koşmana bak sen!
Çatlarsan, doğuran kısrak utansın!

Necip Fazıl Kısakürek

"Yoksa sen onların çoğunun (söz) dinleyeceklerini yahut akıllarını kullanacaklarını mı sanıyorsun? Onlar hayvanlar gibidirler, belki yolca onlardan daha da şaşkındırlar."

Furkan/44

G.R. Stephenson isimli bir bilim adamı bir kafese beş maymun yerleştirir. Kafesteki tüm maymunları ıslatabilecek basınçlı soğuk su düzeneği oluşturur. Kafesin ortasına bir merdiven ve merdivenin tepesine de muz koyar. Malum maymunlar muza dayanamaz.

Bir maymun muza yeltenince merdivene çıkmaya, muzu almaya kalkınca tüm maymunlar basınçlı soğuk su ile ıslatılır. Tabii maymunlar hemen vazgeçmez. G.R Stephenson da herhangi bir maymun muza doğru, merdivene bir hamle yaptığında, soğuk basınçlı su ile tüm maymunları ıslatmaktan vazgeçmez. Bir süre böyle devam eder.

Muzu alma hamlesi ve sonrasında tüm maymunları soğuk basınçlı su ile ıslatma işkencesi, zamanla şu sonucu doğurur: Hangi maymun muza hamle yapsa diğer maymunlar ona saldırır, onu engeller, hatta döver. Muza yeltenen, niyetlenen, muza hamle yapan maymuna karşı diğer maymunlar öylesine saldırılar ki, zamanla hiçbir maymun muzu almak için niyet dahi edemez hale gelir. Tüm maymunlar o muzun bekçiliğini yapmaya başlar.

Beş maymundan biri değiştirilir. Yeni maymun muza hamle yapar. Eski olan dört maymun hemen ona saldırır. O da zamanla muza hamle yapmaz, yapana da saldırır hale gelir. Eski maymunlar teker teker değiştirilir. Değişen her maymun muza hamle yapar. Diğer maymunlar tarafından dövülür. Zamanla muza hamle yapmaz, yapan maymuna da saldırır hale gelir.

İlk deneye başlayan ve soğuk basınçlı suya maruz kalan beş maymunun tümü teker teker ama yavaş yavaş grup davranışına uyum sağladıktan sonra değiştirilmiştir. Bu maymunların hiçbirinin basınçlı soğuk su deneyimi, bu işkenceye maruz kalma hali de yoktur fakat bu maymunlar da muza yeltenmemekte, yemeyi akıllarından dahi geçirmemekte; olur da yeltenen, uzanan, merdivene, muza hamle yapan maymun olursa ona saldırmaktadır.

Birinci Pencere:

Yolunda gitmiyorsa bir şeyler,
Sorgula, korkma!
Geldiğin yere değer katmak yerine var olan düzeni kabullenip burada işler böyle gelmiş böyle gider diye devam etmek kendine ihanettir unutma!
Karşına illa ki engeller çıkacak, seni yolundan döndürmek isteyenler, baskı ve korkuyla seni sindirmeye çalışacaklar zamanla, yılma!
El âlem ne der düşüncesine takılıp da kendine sınırlar koyma!
Kalsan da tek başına,
Hak bildiğin yolda verdiğin mücadeleyi kayıp sayma.

İkinci Pencere:

İnsanı sürü olmaktan kurtaran şey, varlık bilincidir. Kendi varlığının farkında olan, varoluşunun anlamını bilen insan, hayatı bu bilince göre yaşar. Seçimleri, tercihleri bu bilinçle ortaya çıkar. Doğru bildiklerini yaşar, yanlış olandan uzak durur.

Varoluşun anlamını çözememiş, görev ve sorumluklarının farkında olamayan insan ise kukladır. Nereye çeksen oraya gider; tercihlerini hep başkaları belirler. Sürü psikolojisiyle hareket eder böyleleri. Kuru kalabalıkların, menfaat şebekelerinin yahut en genel manada dünyanın ve nefsin oyuncağı hâline gelir.

İnsan, insan olma şerefiyle ve erdemiyle yaşamalı, sürü psikolojisiyle değil.

Üçüncü Pencere:

Vazgeçtiler. Çok istedikleri halde vazgeçtiler. Birlikte mücadele edip tüm engelleri aşabilirlerdi oysa. Mücadele etmeyi değil vazgeçmeyi seçtiler. Kendileri vazgeçtikleri gibi sonradan gelenleri de vazgeçirdiler. Hedefe asla ulaşamayacaklarına inandılar. Kendi kendilerine çaresizliği telkin ettiler. İçlerinden birisi çıkıp mücadele etmeye kalksa hedefe ulaşması işten bile değildi. Ama olmadı. İnsanları, toplumları, milletleri böylece yıldırdılar. Çaresizliklerine hapsettiler.

"Kişiyi ayakta tutan aklıdır. Aklı olmayanın dini de yoktur."

Hadis-i Şerif

AYRIK OTU İLE ÇINAR

Yaktı nice canlar o nezaketle tebessüm
Şîrin dahi kasdetmesi cana gülerektir

Ziya Paşa

"Ey insanlar! Şüphe yok ki, biz sizi bir erkek ve bir dişiden yarattık ve birbirinizi tanımanız için sizi boylara ve kabilelere ayırdık. Allah katında en değerli olanınız, O'na karşı gelmekten en çok sakınanınızdır. Şüphesiz Allah hakkıyla bilendir, hakkıyla haberdar olandır."

Hucurat/13

Zamanın birinde güzel mi güzel, yeşillik mi yeşillik bir yer varmış. Dünyada oraya imrenmeyen, orada olmak istemeyen yokmuş. Dillere destan bir güzelliğe ve temizliğe sahip olan bu yere günün birinde bir ayrık otu gelmiş ve oranın sahibine şöyle demiş:

-"Şuracıkta bana da bir yer verseniz, ben de sizlerle beraber burada yaşasam; benim de kanıma kan, canıma can gelse, beni de nimetten saysalar olmaz mı?"

Oranın sahibi hemen yardımcılarını toplamış ve onların görüşlerini almış. Kimi olur vermiş kimi de olmaz demiş. Koca koca ağaçlar, güzel çiçekler, türlü türlü güller ayrık otuna bakmışlar ve onun minnacık ve mazlum duruşundan etkilenip:

-"Bunun bize zararı olmaz boyu ne ki bize zarar versin!" demişler ve oraya alınması için ortak karar almışlar. Bu duruma ulu çınar itiraz etmiş:

-"Bu ot sizin bildiğiniz otlara benzemez bence bir kez daha düşünün!" demiş ama hiç kimse onu dinlememiş. Ayrık otuna küçücük bir yer vermişler.

Kendini bir nimetten sayan ayrık otu hemen kök salmaya başlamış. Haftalar geçmeye başladıkça ayrık otu herkesin hakkına tecavüz etmeye, bütün güllere ve güzelliklere akıl vermeye başlamış. El attığı yeri kurutmaya, kök saldığı her noktayı zapt etmeye başlayınca oranın hâkimi duruma el koymak zorunda kalmış. Zira ayrık otu peşine taktığı birkaç otla beraber ona da kafa tutmaya ve diğer bitkileri bulundukları yerden atmaya teşebbüs etmiş.

Olanları büyük bir sükûnetle izleyen ulu çınar, gün geçtikçe çirkinleşen bu durum karşısında üzülmeye başlamış ama elinden hiçbir şey de gelmiyormuş.

Hükümdar, ayrık otunu çağırıp hesap sorduğunda ayrık otu cevaben:

-"Ben sizden daha asil ve daha verimliyim ve buranın hâkimi olmak bana yaraşır; artık benden üstünü yok, hadi buralardan gidin!" deyince ona yer verdiklerine pişman olmuş ancak kökünden söküp atmak için de biraz geç kaldıklarını fark etmiş.

Ulu çınar, tüm bitkileri toplayıp:

-"Ben size söylemiştim, bunun sıradan bir ot olmadığını. Siz beni dinlemediniz ancak şimdi anladınız. Öyleyse hadi bundan kurtulalım, kökünden söküp atalım ki dünyada bize gıpta edenler yine gıptayla baksın ve güzelliğimiz dillere destan olarak kalsın." demiş. El birliğiyle ayrık otunu bulundukları mekândan söküp atmışlar. Onun peşinden ona uyan otlar da çekip gidince fazla zaman geçmeden o mekân eski güzelliğine kavuşmuş hatta eskisinden daha güzel ve berrak bir hâl almış.

Birinci Pencere:

Uyandım en derininden gaflet uykumun bir sabah,

Aldım elime kazma, kürek, çapayı gönül bahçeme diktim güzel ahlak fidanlarını.

Cesaret ektim ilkin, merhamet sonra ve tevazu yanına.

Muhabbet bana baktı nereye koyacaksın beni der gibi utangaç bir edayla,

İffetin yanı başına yakıştırdım onu da.

Bir ses duydum,

Adalet "Bana yer yok mu?" diyordu yurdunda,

"Sensiz huzur mu olur?" diyerek başköşeye koydum,

Edep ve hayanın çaprazına.

Getirmişler yanlarında kıskançlık denen yaramaz çocuğu da,

Dedi "İlişivereyim ben de kapı ağzına."

Bilemedim kardeşleri yalan haset, gıybet ve iftirayı da getireceğini zamanla,

Mümkün mü barınması hepsinin bir arada?

Dinlemekteyim kavgalarını akşam sabah ruhumda,

İstiyorsam huzuru yeniden kalbimin mihrabında,

Hangisinden başlamalıyım çıkarmaya?

İkinci Pencere:

Bir arada yaşamak birtakım kuralları gerekli kılar. Kurallar olmalı ki bir arada yaşayanlar sınırlarını bilsin, başkasının hakkına, hürriyet alanlarına tecavüz etmesin. Kuralsızlık, düzensizlik demektir; kaos demektir. Kurallar adalet için vardır. Adalet hüküm sürüyorsa orada güven, huzur ve mutluluk vardır.

Başkasının yaşam alanlarını bozarak, dağıtarak sözde düzen kurmanın adı zulümdür. Zulmün getirisi mutluluk ve huzur değil hüsrandır.

Dünya herkese yetecek kadar geniş. Yeter ki insanlar bencillik etmesin. Benim olduğu kadar bir başkasınındır da desin. Kendi hak ve hukukunu koruduğu kadar başkasının da hakkını, hukukunu gözetsin. Huzur da mutluluk da buradadır.

Üçüncü Pencere:

Bazı kararların dönüşü yok dostum, dönüşü varsa da kaybedilen zamanın, enerjisinin, emeğin telafisi yok. Acele karar verme ki sonunda pişman olmayasın. Sor, soruştur, herkesin fikrini al, sonra karar ver. Karar vermek zaman alabilir, varsın alsın, pişmanlık daha fazla zaman kaybettirir. Küçük bir hata büyük kayıplar verdirebilir. Masum görülen bir şey büyük zararlar verebilir. Dikkat et dostım!

"Müslüman, diğer Müslümanların onun elinden ve dilinden güvende olduğu kimsedir."

Hadis-i Şerif

FIRINCININ SAMİMİYETİ

Her şahsı harîm-i Hakk'a mahrem mi sanırsın
Her tac giyen çulsuzu Edhem mi sanırsın

Ziya Paşa

"İblis, 'Rabbim! Beni azdırmana karşılık, ant olsun ki yeryüzünde kötülükleri onlara güzel göstereceğim, içlerinde ihlasa erdirilmiş kulların hariç, onların hepsini azdıracağım.' dedi."

Hicr/39-40

İbrahim Ethem Hazretleri, tacı tahtı terk edip dervişane bir hayatı tercih ettikten seneler sonra kendi yaptırdığı camiye yatsı namazı kılmaya gelir. Dışarıda kar vardır ve hava çok soğuktur. "Şurada kıvrılayım da sabah olunca giderim." diye düşünür. Bir müddet sonra caminin bekçisi gelir:

-"Ne yapıyorsun burada?" diye sorar. İbrahim Ethem:

-"Müsaade et şurada yatayım, sabah namazından sonra gideceğim." cevabını verir. Bekçi:

-"Olmaz, ben kapıyı kilitleyeceğim, camiyi terk et." der.

İbrahim Ethem hâlini anlatmaya çalışsa da bekçi onu dikkate almaz. "Ben İbrahim Ethem'im." de diyemez tevazusundan.

Bekçi:

-"İbrahim Ethem senin gibi çulsuzlar için yaptırmadı bu camiyi!" diye çıkışır ve onu bacağından tutar, sürükleye sürükleye, kafasını merdivenlere vura vura dışarı atar.

Üstünü başını toplayan İbrahim Ethem çaresiz oradan uzaklaşır, yol üstünde ışık yanan bir yer görür. Bakar ki bir fırın... İçeri girer, selam verir ve sabah namazına kadar orada oturmak için fırıncıdan müsaade ister. Fırıncı:

-"Buyur, geç otur!" der ve çalışmaya devam eder. Ezana kadar çalışmasını sürdürür. Ezan bitince İbrahim Ethem'in yanına gelir:

-"Nereden gelip nereye gidiyorsunuz, isminiz nedir?" gibi sorular sorar ona. İbrahim Ethem cevaben:

-"Ben kaç saattir burada oturuyorum, şimdi mi geldi aklına sormak?" der. Fırıncı:

-"Ben bu fırında işçiyim, iki çocuğum var, iki de yetime bakıyorum. Ben onlara şimdiye kadar haram lokma yedirmedim. Senin geldiğin vakit benim mesai saatim dahilindeydi, ezan okundu mesaim bitti, seninle istediğin kadar konuşabiliriz. Şimdi kazancıma haram karışmaz." deyince İbrahim Ethem çok mutlu olur:

-"Sen ne güzel adammışsın böyle; Allah'tan bir şey isteyip de olmadığı vaki oldu mu?" diye sorar. Fırıncı:

-"Allah'tan ne istediysem bana verdi yalnız bir şey hariç. Allah'a yalvardım, bana İbrahim Ethem Hazretleri'ni göster diye ama bana onu göstermedi. Elbet vardır bir hikmeti." karşılığını verir. İbrahim Ethem göz yaşları içinde:

-"Kalbini ferah tut, sen böyle ihlaslı bir kul olduktan sonra o Allah ki İbrahim Ethem'in bacağından tutar, sürükleye sürükleye, kafasını taşlara vura vura getirir, sana gösterir. Sen yeter ki bu hâl üzre yaşamaya ve böyle yürekten istemeye devam et!" der.

Birinci Pencere:

Her işin güzelliği samimiyetinde, samimiyet yoksa o işten hayır gelmez. İşlerin en sevimlisi samimi ve devamlı yapılanıdır. Dolayısıyla yapıp ettiklerimiz samimiyeti kadar değer kazanıyor yahut kaybediyor.

Samimiyet, yaptığı işin doğruluğuna inanma, kanaat etme, sevme ve çıkar endişesi duymadan yapma şeklinde kendini gösterir.

Samimiyetin adı ihlastır. İhlas, kalbin şeksiz şüphesiz, saf halde bağlılığını ifade eder. Kurtuluşun ipi böyle bir bağlılıktadır. İhlasta bereket vardır.

Kimsenin bulunmadığı bir anda Allah'ı anıp Allah korkusundan gözyaşı dökenin temize çıkarılacağı vaat ediliyor. Ancak ihlas sahiplerinin kurtuluşa erecekleri müjdeleniyor.

Bilgimiz, amellerimiz kurtuluş için yeterli değil maalesef. İçinde gönülden bağlılık yani teslimiyet yoksa her işin neticesini Allah'a havale etme, yegâne vericinin o olduğuna iman yoksa ameller boşa çıkarılacaktır.

Önce samimiyet yani ihlas...

İkinci Pencere:

Kimileri ihlasla dua eder, Hak Teala ulaştırır emeline.

Kimileri ayağına gelen nasibi, tekme tokat atar kapı önüne.

Kimileri yaşar takva üzre, haram karıştırmaz ekmeğine.

Kimileri Hak'tan bîhaber kalır, Allah mil çeker gözlerine.

Üçüncü Pencere:

Yürekten iste. Aç ellerini semaya, yürekten iste. Dua kuşları kanat çırpsın gökyüzüne doğru. Ola ki istediğin olur, tekrar aç ellerini şükür et onu verene. Ola ki dileğin olmaz belki onda hayır yoktur senin için, belki de beklediğinden daha güzeli verilecektir, az sabret. Vermeyi istemeseydi, istemeyi verir miydi hiç?

"O, sizin suret, şekil ve dış görünüşlerinize değil, kalplerinize ve amellerinize bakar."

Hadis-i Şerif

MUTLULUĞUN SIRRI

Kâinâtın mâyesidir hep bu dem
İns ü cinnin gâyesidir hep bu dem
Âşığın ser-mâyesidir hep bu dem
Dem bu demdir dem bu demdir dem bu dem

Osman Hulusi Efendi

"Ant olsun zamana ki, insan gerçekten ziyan içindedir. Ancak, iman edip de salih ameller işleyenler, birbirlerine hakkı tavsiye edenler, birbirlerine sabrı tavsiye edenler başka (Onlar ziyanda değillerdir)."

Asr/1-3

Arayış içinde olan birkaç kişi yaşlı zen ustasının yanına gelir:

-"Efendim, biz sizin hep mutlu ve memnun olduğunuzu görmekteyiz. Biz de sizin gibi mutlu olmak istiyoruz." derler.

Usta, yumuşak bir gülümsemeyle şöyle cevap verir:

-"Ben oturduğumda oturuyorum, yattığımda yatıyorum, yemek yediğimde yiyorum, yürüdüğümde yürüyorum."

Ziyaretçiler şaşkın bir ifadeyle birbirilerine bakarlar. Sonra biri dayanamaz ve şunları söyler:

-"Siz bizimle dalga mı geçiyorsunuz? Biz de aynen sizin gibi yatıyoruz, oturuyoruz ve yemek yiyoruz fakat yine de mutlu değiliz."

Zen ustası yine aynı cevabı verir:

-"Ben oturduğumda oturuyorum, yattığımda yatıyorum, yemek yediğimde yiyorum ve yürüdüğümde yürüyorum."

Usta, ziyaretçilerin bu cevaptan memnun kalmadıklarını görünce, kısa bir bekleyişten sonra şöyle devam eder:

-"Tabii ki siz de yatıyor, yürüyor ve yemek yiyorsunuz ama yatarken, kalkmayı düşünüyorsunuz, kalktığınızda gitmeyi, yürürken de ne yiyeceğinizi ya da dün yaşadığınız bir olayı düşünüyorsunuz.

Sizin düşünceleriniz olduğunuz yerde değil, hep başka bir yerde oluyor. Hayatın kendisi geçmiş ile gelecek arasındaki kesişme noktasındadır. Değerli olan "an"dır. Bu değerli ana kendinizi bırakın, böylece mutlu ve tatminkâr bir hayat yaşama şansını yakalayabilirsiniz...

Birinci Pencere:

Zan kaygı taşır yüreğinde!
Takılır ayaklarından geçmişe ve geleceğe,
Kopamaz ikisinden de.
Akıp gider gözünün önünden aslol/AN!
Yaşayamadığı bugünün pişmanlığını yaşar, geçmiş diye.
Ulaşması meçhul olan için endişelenir, GELECEK diye.
Zanneder ki yaşadım!
Oysa zandaki AN'ı keşfedememişsek,
AN'a taşınmadan zanda takılı kalır hayatlarımız.
Ne diyor, ayet nefsimizin en ders almaz hücresine şiddetle?
"Ey iman edenler! Zannın çoğundan sakının; çünkü bazı zanlar günahtır."
Hadi öyleyse,
Zan değil AN'ı yoklama zamanı!

İkinci Pencere:

İnsanlar hayatı zorlaştırır. Aslından basit yaşamak gerek. Mutluluk da basit yaşamakta. Ölçüyü kaçıran insan hayatı yaşanmaz hâle getiriyor ve bu da onu mutsuz ediyor. Kanaati ve şükrü kaybettik. Elimizdekiyle asla yetinmiyoruz. Gereğinden fazla biriktiriyoruz, gereğinden fazla alıyoruz, gereğinden fazla yiyip içiyoruz. Bir türlü dengede duramıyoruz. Azla yetinmiyoruz artık. Ulaştığımız her noktada yeni sorunlarla karşılaşıyoruz. Elde edince mutlu olacağımızı sandığımız her şey biraz daha kaosa sürüklüyor bizi.

Hâlbuki ölçülü, hesaplı yaşamayı becerebilsek, kanaati ve şükrü kazanabilsek, hayatı kendimize zindan etmeden basit ve sade bir hayat yaşasak dünyanın en mutlu insanı oluruz.

Üçüncü Pencere:

Geçmiş, gelecek ve an...

Geçmiş geçti, gitti. Geleceğin geleceği meçhul. Geçmiş ve geleceğin tam ortasında "şimdi"yi yaşıyoruz. Şimdi o kadar kısa ki geçti bile. Geçti ve geçmişe ait oldu. Artık yeni bir "şimdi"nin içerisindeyiz. Geçmişte yaşananlara takılıp kalırsak veya gelecekte neler olup biteceğini düşünüp durursak "şimdi" ellerimizden akıp gider ve gidiyor. Hükmümüzü geçirebileceğimiz tek zaman dilimi "şimdi". O yüzden "şimdi"ye yani "an"a odaklanmalıyız. Ne yapacaksak "şimdi" yapacağız. Ne dün ne yarın "şimdi." Şairin dediği gibi: "Dem bu demdir, dem bu demdir, dem bu demdir, dem bu dem"

"Beş şey gelmeden önce beş şeyin değerini iyi bil: Ölümden önce hayatın, meşguliyetten önce boş zamanın, yokluktan önce varlığın, ihtiyarlıktan önce gençliğin ve hastalıktan önce sağlığın."

Hadis-i Şerif

EBU ZER'İN DUASI

Yüce Allah'ım şu karanlık yolları
Bizi sana ulaştıran yollar et
İhtirasla kilitlenmiş kolları
Birbirini kucaklayan kollar et

Orhan Seyfi Orhon

> "Kullarım, beni senden sorarlarsa (bilsinler ki), gerçekten ben (onlara çok) yakınım. Bana dua edince dua edenin duasına cevap veririm. O halde, doğru yolu bulmaları için benim davetime uysunlar, bana iman etsinler."
>
> Bakara/186

Hz. Ali anlatıyor:

-"Bir gün Cebrail, Peygamber Efendimizin yanındayken Ebu Zerr çıkagelmiş. Cebrail onu görünce;

-"Ebu Zerr!" demiş. Bunun üzerine Allah Resûlü şöyle demekten kendini alamamış:

-"Ey Allah'ın emîni! Siz Ebu Zerr'i tanıyor musunuz?" Cebrail:

-"Evet, o göklerde yerdekinden daha ünlüdür. Oralarda onu tanımayan yoktur. Bu da her gün iki defa yaptığı duadan ileri gelmektedir. Melekler ona hayrettedirler. İstersen çağır da ona o duayı soruver!" deyince, Resûlullah, Ebu Zerr'i çağırmış ve ona şöyle demiş:

-"Ey Ebu Zerr! Her gün yaptığın dua var mıdır?" Ebu Zerr:

-"Evet, anam babam sana feda olsun, ey Allah'ın Resûlü! O duayı herhangi bir insandan işitmedim. O, sadece Rabb'imin bana ilham ettiği on cümledir. Her gün iki kere onu söylerim. Bunu da şöyle yaparım: Önce kıbleye karşı yönelirim. Allah Teala'yı bir miktar tesbih (sübhânallah derim), bir miktar tehlil (lâ ilâhe illallah derim) ve bir miktar da hamt ederim (elhamdülillah derim). Sonra da bir miktar tekbir getiririm (Allâhu ekber derim). Daha sonra şu on cümlelik duayı yaparım: *"Allâhümme innî es'elüke îmânen dâimen ve es'elüke kalben hâşian, ve es'elüke ılmen nâfian, ve es'elüke yakînen sâdikan, ve es'elüke dînen gıyemen, ve es'elükel âfiyete min külli beliyyeh, ve es'elüke temâme'l-âfiyeh, ve es'elüke devâme'l-âfiyeh, ve es'elüke'ş-şükra ale'l-âfiyeh, ve es'elüke'l-ğınâ ale'n-nâs"*

(Allah'ım senden daimî bir iman dilerim! Allah'ım senden korkan bir kalp niyaz ederim! Allah'ım senden yararlı ilim isterim! Allah'ım senden doğru bir yakin, derinden inanmak dilerim! Senden afiyetin tamamını ve devamını dilerim. Senden afiyetin gereği gibi şükretmeye beni muvaffak kılmanı dilerim. Ayrıca beni kimseye muhtaç etmemeni de dilerim.)

Bunun üzerine Cebrail şöyle dedi:

-"Ey Muhammed! Seni hak olarak gönderen Allah'a yemin ederim ki, ümmetinden her kim bu duayı okursa denizlerin köpüğü, yeryüzündeki toprağın sayısı kadar günahı olsa bile bağışlanır. Ümmetinden rastladığım herhangi bir kimsenin kalbinde bu dua bulunursa, cennetler ona âşık olur. İki melek de devamlı olarak onun bağışlanmasını diler. Cennet kapıları ona açılır ve melekler ona şöyle seslenir: 'Ey Allah'ın velîsi, hangi kapıdan istersen gir Cennet'e."

Birinci Pencere:

Duasız kalan dillerimiz yüzünden,
Dipsiz kuyularda kalplerimiz.
Peygamber sofrasında edep testisinden su içen her sahabi,
Yıldızı oluyor ahir zaman dehlizinin.
Meleklerin konuştuğu zannetme ki şahıstı,
Göklerde onun işlediği güzelliği konuşulmuştu.
Yıldız olamasak da
Zifiri dünyamıza, yıldız mı toplasak?

İkinci Pencere:

Dua istemek, talep etmektir. Eksik olan talep edilir. Muhtaç olan ister.

Dua sadece her şeyin yaratıcısı ve sahibi olan, sonsuz kerem ve ihsan sahibi, rahman ve rahim olan Allah'a yapılır. Duanın içeriğinin ne olduğundan çok, nasıl yapıldığı önemlidir.

Tam bir teslimiyet ve iman şuuruyla yapılan duanın makama ulaşmaması düşünülemez. Dua kalpten olursa karşılık bulur değilse kıymeti olmaz.

Dua seslenmek, ağlayıp sızlamak değildir sadece. En tesirli dua hâl ile yapılan duadır.

Dua kulun yaratıcı karşısında aczini idrak etmesidir.

Dua bir hâlleşme, bir silkinmedir aynı zamanda.

Dua yakınlaşma, yaklaşma demektir. Kulun yaratıcıya en yakın olduğu zaman dua zamanıdır.

Dua zırhtır, kalkandır, silahtır.

Duayı kuşanan kendini en sağlam korunağa almış demektir.

Dua kulun miracıdır. Miraç ise kalpte ağırlık istemez.

Üçüncü Pencere:

Dua et!

Dua et ki dua ile gelir beklenen. Dua ile evrilip çevrilir kalpler. Dua ile açılır kilitler, sürgüler; dua ile şifa bulur yaralı gönüller. Dua içten bir haykırış, dua boyun büküp yakarış, dua Hakk'a doğru bir adım, belki O'na varış.

"Dua müminin silahı, dinin direği,
göklerin ve yerin nurudur."
Hadis-i Şerif

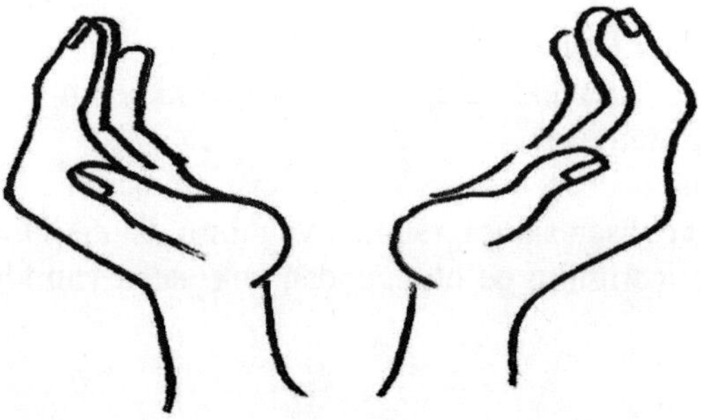

SARHOŞUN TÖVBESİ

Harâbât ehlini hor görme zâkir
Defineye mâlik vîrâneler var

Erzurumlu İbrahim Hakkı

"Biz, gerçekten insanı en güzel bir biçimde yarattık. Sonra onu, aşağıların aşağısına indirdik. Ancak, iman edip salih ameller işleyenler başka. Onlar için devamlı bir mükafat vardır."

Tin/4-6

İbrahim Ethem, bir sarhoşun pis kokulu ve bulaşık ağzını yıkamış, bunu niçin yaptığını soranlara da:

-"Eğer yüce Allah'ın adını zikretmek için yaratılan dil ve ağzı bulaşık olarak bıraksaydım, hürmetsizlik olurdu." demiş. İbrahim Ethem ayrıldıktan sonra adama:

-"Horasan zahidi İbrahim Ethem senin ağzını yıkadı." demişler. Adam bunları duyunca son derece mahcup olmuş ve kalbi uyanmış. Bir daha içki içmemeye tövbe etmiş. Böyle bir düzelmeye vesile olan İbrahim Ethem bir rüya görmüş. Rüyasında kendisine şöyle denmiş:

-"Sen bizim için onun ağzını yıkadın, biz de senin için onun kalbini yıkadık!"

Birinci Pencere:

Neyle doluysa özün,
Onunla süslenir sözün.
Ruhunu yıkarsan Hak ile,
Ayine olursun tüm güzelliklere.
Yakışanı yap kendine,
Rabbin hediyeni gönderir melekleriyle.

İkinci Pencere:

Yunus söyler ne güzel söyler: *Elif okuduk ötürü, pazar eyledik götürü/Yaratılmışı hoş gördük, Yaradandan ötürü.* İnsan yaratılmışların en şereflisi, en mükemmeli. İnsan olmak yaratıcı tarafından yüklenmiş bir değeri ifade eder. İşlediği günahlarla kendine yüklenen değerden ne kadar kaybederse kaybetsin, onun özündeki değer bâkîdir. Bu sebeple, günaha olan düşmanlığı günahkâra sıçratmamak gerekir. Yalnız bunu yaparken günahkâra olan hoşgörüyü de günaha taşımamak yani günahı meşrulaştırmamak lazımdır.

Üçüncü Pencere:

İnsan eşref-i mahlukat, yaratılanların en şereflisi. Altın çamura düşmekle değerinden bir şey yitirmez. Silip temizledin mi, yıkayıp kirinden arındırdın mı altın yine altındır. Alsan da satsan da değerinden bir şey kaybetmez. İnsan da böyledir. Kimisi günah çamuruna batar, hayat onu olmadık yerlere düşürür. Ama yine de insandır o. Karşısına kirinden arındıracak birisi çıksın yeter ki.

Bir gün Hz. Peygamber sahabeden bir grupla otururken yakınlarından bir cenaze geçmiş ve Peygamberimiz cenazeyi görünce ayağa kalkmıştı. Yanında bulunanlar, onun bir Müslüman cenazesi olmadığını, Yahudi cenazesi olduğunu söyleyince Hz. Peygamber: "Müslüman değilse insan da mı değil?" cevabını vermiştir.

Hadis-i Şerif

KURT KİM, KÖPEK KİM?

Uyan çoban uyku zarar getirir,
Her taşın başında bir kurt oturur,
Sürmeli yavruyu alır götürür,
Parça parça koyma bizi perişan.

Mahsuni Şerif

> "Biz göğü, yeri ve ikisi arasındakileri boş yere yaratmadık. Bu (yaratılanların boş yere yaratıldığı iddiası) inkâr edenlerin zannıdır. Cehennem ateşinden dolayı vay inkâr edenlerin haline!"
>
> **Sad/27**

Anne kurt yetişme çağındaki yavrularını yanına almış ve onlara hayat mücadelesini anlatmaya başlamış. Dostlarının kim olduğunu, kimlerin kendilerine düşmanlık ettiklerini, ne yiyip içeceklerini bir bir göstermeye başlamış. Uzaktan bir koyun sürüsü görmüş ve bir tepenin üzerinde çocuklarını etrafına toplayıp kendisini dikkatlice dinlemelerini istemiş:

-"Evlatlarım, bakın bu gördüğünüz hayvanların adına koyun denir. Sürü halinde yaşarlar. Biz bu hayvanlardan yakalarız ve onları yeriz. Yalnız şu üzerinde kepenek olan iki ayaklı mahlûkun adına insan denir. Onlardan uzak durun. Bizim düşmanlarımızdır. Ellerindeki aletlere tüfek denir. Onunla bizi öldürürler. Koyunları o görmeden avlamamız gerekir. Bu insanlar koyunları kendileri yer ama bize yedirmezler. Anladınız mı?" diye sorar. Kurt yavruları:

-"Anladık anneciğim!" derler. Fakat en küçük kurt yavrusu annesine sorar:

-"Anneciğim, sürünün yanında yerde yatan, bize benzeyen birisi var o kim?" anne kurt:

-"Evlatlarım, o bize benzer, bizim yediklerimizi yer içer ama bizden değildir. Onun adı köpektir. Bize düşmanlık eder. Sahibine ve koyunlara sahip çıkar, kimsenin onlara yaklaşmasına bile tahammül edemez." Yavru kurt:

-"Öyleyse bunun karşılığında o koyunlardan istediğini yer." Anne kurt içini çekerek:

-"Ah evladım, o köpek koyunlardan ne yer, ne de yedirir!"

Birinci Pencere:

Emin ol dostum!

Kendinden emin ol önce. Makamın, mevkiinin, paranın, servetin seni değiştiremeyeceğinden emin ol. Emanette emin ol sonra. Sana teslim edileni koru. Hele ki bu kamu malıysa, hele ki bunda herkesin hakkı varsa...

Etrafında pek çok aç kurt göreceksin, sana senin gibi görünerek yaklaşmaya çalışacaklar. Sakın ola gevşeklik gösterme. Emin olduğun için seni alkışlayanlardan çok kınayanlar olacak. Şaşırma.

Emrolunduğun gibi dosdoğru ol. Her söylenene kulak asma.

Emin ol dostum!

İkinci Pencere:

Dünya bir denge üzerine kurulu yani dünyanın bir mizanı var. Yaratılmış her şeyin bir görevi bir fonksiyonu var. Her varlık kendi çizgisinde vazifesini yerine getiriyor. Kurt kurtluğunu yapacak, köpek köpekliğini. Biri çalacak, biri yakalayacak.

Kurt için koyun yenmesi gereken bir avdır ama köpek için korunması gereken bir emanettir. Emanete sadık kalmak ve onu korumak onun yaratılış gayesine uygun bir davranıştır. Et yiyen bir hayvan olduğu hâlde onu sahibinin emaneti diye korumaktadır. Çünkü ona biçilen rol budur.

İnsana düşen hayattaki rolünün farkında olması ve ona göre bir yaşam sürmesidir.

Yani kul olmasıdır.

Üçüncü Pencere:

Kurt ile köpeğin kavgasına şahit oluyorum iç dünyamın arka sokaklarında. İyiyle kötünün bitmeyen rekabeti... Bir yanım kurda çeker bir yanım çoban köpeği...

Ya takar tasmayı girersin boyunduruk altına ya özgürlük der razı olursun açlığın sancısına.

Karar vermesi zor.

Ya vazgeçeceğiz rahat huzur düzen uğruna ya teslim olacağız fıtrat hamurunun aç gözlü yanı,

Puslu gecelerin tetikte bekleyen kurduna…

"Hiçbir kul, kıyamet gününde, ömrünü nerede tükettiğinden, ilmiyle ne gibi işler yaptığından, malını nereden kazanıp nerede harcadığından, vücudunu nerede yıprattığından sorulmadıkça bulunduğu yerden kıpırdayamaz."

Hadis-i Şerif

İKİ BİLGENİN YOLCULUĞU

Kim ki dost yolunda terk-i can eder,
Dost ana didarını ihsan eder.
Kim bu fani dünyayı terk eylese,
Dost ebed mülke anı sultan eder.

Eşrefoğlu Rumi

"Bu dünya hayatı ancak bir eğlence ve oyundan ibarettir. Ahiret yurduna gelince, işte gerçek hayat odur. Keşke bilselerdi!"

Ankebut/64

İki bilge yolculukları sırasında bir dere kenarına varır. Genç bir kadının dere kenarında karşıya nasıl geçeceğini bilemez halde ağladığını görürler.

Bilgelerden biri, genç kadını kucaklayıp suyun öteki tarafına bırakır. Öteki bilge, arkadaşının bu davranışını hiç hoş karşılamaz ancak sesini de çıkarmaz. Bilgeler dere kenarından bir kilometre kadar uzaklaştıklarında diğer bilge daha fazla dayanamaz ve arkadaşına hışımla döner:

-"Sen, böyle bir şeyi nasıl yaparsın? Biz bilgeyiz! Bırak bir kadını kucaklayıp karşıya geçirmeyi, onlara bakmamız bile yanlış." Öteki bilge oldukça sakin karşılık vermiş:

-"Dostum! Ben o kadını bir kilometre geride bıraktım. Sen ise hâlâ onu taşıyorsun."

Birinci Pencere:

Bir adım at dostum!

Hevesler arzular geride kalsın. Bir adım at, mal, mülk, para, pul geride kalsın. Bir adım at, seni dünyaya bağlayan ne varsa geride kalsın. Bir adım at, doymak bilmeyen nefis arkada kalsın. Bir adım at, ben diyen benlik arkada kalsın. Bir adım at varlık arkada, yokluk arkada kalsın.

Bir adım at!

İkinci Pencere:

Abdülkadir Geylani'ye sordular: "Dünyayı nereye koyalım?" diye. Geylani Hazretleri: "Kalbinizden çıkarın ister başınızda gezdirin ister ayağınızın altına alın, size zarar verme." buyurdu. Dünya zevk ve sefaya çeker insanı. Ahiret yurdu meşakkate talip olanların isteğidir. Gönlü ötelerle irtibatlı insanların ayaklarına değen çakıl taşlarının önemi yoktur. Geçmişe takılıp kalmak kişide gelecek endişesi bırakmaz. Dünden yüzünü çeviremeyen güneşi göremez. Her türlü eyleminde rıza peşinde olan, nefisle işini halletmiş; nefsin direksiyonunu eline almış demektir.

Üçüncü Pencere:
Elimde bir anahtar olsaydı,
Açabilseydim kalbimi ve zihnimi.
Görmek ister miydim saklı kalan her şeyi?
Belki gizli bir riyayı,
Belki attığım bir iftirayı,
Ya da günahkâr dünyamı…
Sus öyleyse,
Sınanmadığının galibi değil hiç kimse!

"Elinizden geldikçe kendinizi dünya işlerine fazla kaptırmayın. İbadet için kendinize vakit ayırın. Zira kimin amacı sırf dünya olursa, Allah işlerini dağıtır. Fakirliği devamlı aklına getirir. Kimin de amacı ahiret ise, Allah işlerini toparlar, huzurunu artırır. Zenginliği kalbine yerleştirir. Hakkında hayırlı olan her şeyi hızla ona yaklaştırır."

Hadis-i Şerif

KALBİNİ TEMİZLEMEK

Bir kez Allah dese aşk ile lisan
Dökülür cümle günah misli hazan

Süleyman Çelebi

> "Ey iman edenler! Allah'a içtenlikle tövbe edin. Belki Rabbiniz sizin kötülüklerinizi örter ve peygamberi ve onunla birlikte iman edenleri utandırmayacağı günde Allah sizi, içlerinden ırmaklar akan cennetlere sokar. Onların nurları önlerinden ve sağlarından aydınlatır, gider. 'Ey Rabbimiz! Nurumuzu bizim için tamamla, bizi bağışla; çünkü senin her şeye hakkıyla gücün yeter.' derler."
>
> **Tahrim/8**

Bişr-i Hafi genç yaşta günah çukuruna düşmüş, içki müptelası biridir. Bir gün geceyi içki masalarında geçirdikten sonra kendinden geçmiş hâlde yalınayak evine gitmek için yola düşer. Düşe kalka ilerlerken çamurun içine yuvarlanır. Kalkmaya çabalarken çamurda üzerinde besmele yazılı bir kâğıt görür. Büyük bir hürmetle çamurdan kâğıdı çıkarır, üzerine siler: "Hiç Allah'ın ismi çamur içine düşer mi?" diyerek alır, eve getirir. Bir güzel temizler, kurutur, öpüp koklar, güzel kokular sürer ve evinin en güzel yerine asar.

O gece âlim bir zât bir rüya görür. Rüyada âlime: "Git, Bişr'e söyle! İsmimi temizlediği gibi onu temizlerim. İsmimi büyük tuttuğu gibi onu büyültürüm. İsmimi güzel kokulu yaptığı gibi onu güzel ederim. İzzetime yemin ederim ki, onun ismini dünyada ve ahirette temiz ve güzel eylerim!" denir. Bu rüya, üç defa tekrar eder. Rüya gören kimse, üçüncü rüyadan sonra Bişr-i Hafi'yi arayıp meyhanede bulur:

-"Sana önemli bir haberim var." diyerek içerden çağırır onu. Bişr, âlime:

- "Kimden haber vereceksin bana?" diye sorar. Âlim:

-"Sana Allah Teâlâ'dan haber vereceğim." der. Bunu duyan Bişr, ağlamaya başlar ve şöyle sorar:

-"Bana kızıyor mu şiddetli azap mı yapacak?"

Âlim gördüğü rüyayı Bişr'e olduğu gibi anlatır. Rüyayı gözyaşları içinde sonuna kadar dinleyen Bişr, arkadaşlarına dönüp şöyle der:

-"Ey arkadaşlarım! Beni çağırdılar, bundan sonra bir daha beni buralarda göremeyeceksiniz."

Bişr, o zatın yanında hemen tövbe eder ve bir daha içki kullanmamak üzere söz verir Allah'a. O anda ayağında ayakkabı bulunmadığı için ömrünün sonuna kadar hiç ayakkabı giymez. Sebebini soranlara:

-"Söz verdiğim zaman yalınayaktım, şimdi giymeye hayâ ederim." der.

Ayakkabı giymediği için de kendisine "Hafi" (yalınayak) denilir.

Birinci Pencere:

Samimiyet, en tesirli silah,
Kalpleri açan anahtar ki bunu istiyor Allah.
Tevbede, duada, aşkta her işte samimiyet...
Kandırdım zannederken kaybediyoruz ilelebet.
Oysa,
Anlık yaptığını ömürlük sayıyor Yaradan.
Siliyor, affediyor, samimiyetle temizliyor her günahından.

İkinci Pencere:

Kulluğun ilk şartı teslimiyettir, yani imandır. İman silmekle, yok etmekle, reddetmekle başlar. Onun dışında ne varsa itaat ettiğin, bağlandığın önce onları reddedeceksin; silecek ve yok edeceksin sonra ona teslim olacaksın. Bu teslimiyetin özü ise samimiyet olacak. Bütün varlığınla, azalarınla bir "Sen"sin diyeceksin. Böyle bir kabulleniş, böyle bir iman geri çevrilmiyor. Kul günahkâr olabilir; ancak şirk koşmadıktan sonra tövbe kapısı hep açık. Yeter ki pişman olup gözyaşlarınla hâlini arz et, Rabb'in rahmeti ve bağışlaması sonsuz.

Üçüncü Pencere:

Tövbe ettin, aynı hatayı tekrar işlememeye söz verdin. Günahtan çektin elini, yudun yıkadın içini. Tövben kabul oldu mu arındın, aklandın tıpkı anandan doğduğun gün gibi. Sözünü tut, tövbeni tut, bunun için önce kendini tut.

Enes İbni Mâlik'in rivayetine göre bedevînin biri Resûl-i Ekrem'e:

-"Kıyamet ne zaman kopacak?" dedi. Fahr-i Cihân Efendimiz de ona:

-"Kıyamet için ne hazırladın?" diye sorunca, bedevî:

-"Allah ve Peygamber sevgisini hazırladım." cevabını verdi. O zaman Resûlullah (sav):

-"Öyleyse sevdiğinle berabersin." buyurdu.

Hadis-i Şerif

HZ ÖMER'İN HIRKASI

Er veya geç bütün tavanlar çöker,
Taban çökmez ama her yükü çeker.
Hesap görülmeden defter kapanmaz,
Elbet bir gün biri çıkını döker.

Bahaettin Karakoç

> "Ey iman edenler! Allah için hakkı titizlikle ayakta tutan, adalet ile şahitlik eden kimseler olun. Bir topluma olan kininiz sizi adaletsizliğe itmesin. Adil olun. Bu, Allah'a karşı gelmekten sakınmaya daha yakındır. Allah'a karşı gelmekten sakının. Şüphesiz Allah yaptıklarınızdan hakkıyla haberdardır."
>
> **Maide/8**

İran Seferi, Hazreti Ömer'in hilâfeti zamanında yapıldı ve bol miktarda da ganimet elde edildi. Ganimetler arasında kıymetli kumaşlar da vardı. Harpten dönüldükten sonra kumaş ve diğer ganimetler, ashap arasında dağıtıldı ve herkes hissesine düşeni aldı. Hazret-i Ömer, kendi hissesiyle oğlu Abdullah'ın hissesini birleştirerek üzerine bir hırka diktirdi. Bir cuma günü üzerindeki hırkayla hutbeye çıkıp:

-"Ey müminler beni dinleyin!" diye seslendiğinde ashaptan biri ayağa kalkarak:

-"Üzerindeki elbisenin hesabını vermedikçe seni dinlemiyor ve sana itaat da etmiyoruz çünkü ganimetten düşenle biz bir hırka diktirememişken görüyorum ki sen hırka diktirmişsin, bu nasıl oluyor?" diye sordu.

Hazreti Ömer o sahabenin konuşmasını dinledikten sonra, oğlu Abdullah'a:

-"Ey Ömer'in oğlu kalk cevap ver!" dedi. Abdullah bin Ömer, ayağa kalktı:

-"Allah'a yemin ederim ki babamın üzerindeki kumaşın yarısı benim hisseme düşen kumaştır. Babam ikimizinkini birleştirdikten sonra kendisine elbise yaptı." diyerek meseleyi izah etti.

Hazreti Ömer'in oğlunu dinleyen sahabe tekrar ayağa kalkarak:

-"Ya Ömer, şimdi konuş. Hem seni dinliyor ve hem de sana itaat ediyoruz." dedi.

Birinci Pencere:

Hesap sorabiliyor devlet adamına tebaası,
Onun içindeyse her an gaflete düşmeye meyilli nefsi uyanık tutma çabası...
Gururuna kapılıp asıp kesme değil sonuna kadar dinliyor,
Hakkını isteyeni.
Ömer ki söndürüyor mumu bitince devletin işi,
Yakıyor şahsi işinde kendininkini.
Adalet deyince Ömer,
Ömer deyince adalet geliyorsa akıllara,
Boşuna olmasa gerek böylesi bir hatırlanma.

İkinci Pencere:

Hesap sor, hesap ver!

Hesap sormak hakkındır, hesap vermek üzerindeki haktır. Hesap sormaktan korkma, hesap sorulmasından da rahatsız olma. Korkman gereken, rahatsız olman gereken hak yemektir, unutma dostum. Öyle yaşa ki her anın hesabını hem Allah'a hem kullara verebilesin. Her hesaptan yüz akıyla çıkasın.

Üçüncü Pencere:

Toplumun dirlik ve düzenine zarar veren en büyük hastalıklardan biri zandır.

Zan; sanmak, bilmek ve itham etmek manalarına geldiği gibi, sezmek ve şüphe manalarında da kullanılır. Birini iyi sanma, iyi zannetmeye "hüsnüzan"; kötü fikir besleme ve kötü sanmalara da "suizan" denilmektedir.

Yüzde bir ihtimali olan şeye "vehim", yüzde ikiden yüzde elliye kadar ihtimali olan şeye "şüphe", yüzde elliden sonraki ihtimallere de "zan" denilir. Yüzde yüz olunca bilgiye dönüşüyor. Kısacası kati, yani yüzde yüz seviyesinde olmayan her ihtimal vehimdir, şüphedir, zandır.

Toplum huzuruna, insanlar arası barış ve kardeşliğe zarar veren kötü zandır. Bir virüs gibi önce girdiği bünyede kalbi bozar. Kalbin bozulması bütün bedenin bozulması yani insanın bozulması demektir. İnsanın bozulduğu yerde huzurdan, barış ve kardeşlikten bahsedilemez.

İyi insan zannetmez, iyice bilmediği şeyin arkasına düşmez, vehim ve şüpheleriyle insanları yargılamaz.

"Bir adam bir gece fenalık yapıp da Cenab-ı Hak onu örtmüş iken 'Ey filanca ben dün gece şöyle böyle yaptım.' demesi, suçunu ilan ve teşhirdir. Hâlbuki o, geceyi Allah'ın örtüsüne mazhar olarak geçirmişti. Allah'ın örttüğü bu suçu sabahleyin teşhir etmiş, açıklamış bulunuyor."

Hadis-i Şerif

DENİZ YILDIZI

Bir hastaya vardın ise,
Bir içim su verdin ise,
Yarın anda karşı gele,
Hak şarabın içmiş gibi.

Bir miskini gördün ise,
Bir eskice verdin ise,
Yarın anda sana gele,
Hulle donun biçmiş gibi.

Yunus Emre

"Sabret! Çünkü Allah iyilik edenlerin mükafatını zayi etmez."

Hud/115

Deniz dalgalı. Dalgalar denizyıldızlarını sahile atıyor. Binlerce denizyıldızı sahilde ölümü beklerken küçük bir çocuk denizyıldızlarını toplayarak denize atmaya çalışıyor. Bunu gören baba oğluna sesleniyor:

-"Yavrum gayretin boşuna, sahil milyonlarca denizyıldızıyla dolu, bu işin anlamı yok!" Çocuk, sahilden bir denizyıldızı daha alıyor ve denize atarken babasına:

-"Bak baba, onun için bir anlamı var. O yaşayacak!" diyor.

Birinci Pencere:

Ne yapabilirsin ki? Dünyada milyarlarca insan var. Ne yapabilirsin ki? Açlar, muhtaçlar var; hastalar, hastalıklar var; öksüzler, yetimler var. Susuz kalmış topraklar, soğukta titreyen hayvanlar var. Savaşlar, felaketler var. Ne yapabilirsin ki? Yeter ki bir şeyler yapmak iste dostum. Elinden gelen bir şey mutlaka vardır. Az deme, yetersiz deme senin için az olan başkası için çok olabilir. Senin için önemsiz olan başka birisi için hayati olabilir.

İkinci Pencere:

"Neden çabalıyorsun öğretmenim?" dedi ardımdan bir ses.

Dönüp baktım,
Beni ve diğerlerini rahat bırak, der gibiydi gözleri
İçim eridi,
Sahi niyeydi gayretim? Neyeydi?
-"Çocuk!" dedim.
-"Anlayacaksın bir gün uzanan elin kıymetini
Tutanı kalmadığında ellerinin."

Üçüncü Pencere:

Varlık zerreden yaratılmadı mı? İnsan bir kan pıhtısı değil miydi? Allah, Âdem ve Havva'dan insanı çoğaltmadı mı? Nuh tufanı olduğunda her canlıdan birer çift gemiye binmedi mi? Hayat küçük şeyler, küçük başlangıçlar üzerine kuruluyor. Yangınlar da kıvılcımla başlıyor. Bir tek tohum koskoca bir ağaca dönüşüyor ve yüzlerce meyve verir hâle geliyor. Bir tohum, bir hareket, küçük bir adım, an gelir hesapsız faydaları temin eder. Bizim değersiz gördüğümüz bir şey başkasının hayat memat meselesi olabilir. Dedem rahmetli patika yolda yerinden çıkmış bir taş görse durur, onu atar yola öyle devam ederdi. "Yolu temizlemek sünnettir evladım." derdi. Hiçbir iyiliği asla küçük görmemek gerek. Ne demişler, sakın bir çiviyi küçümseme; bir çivi bir nalı, bir nal bir atı, bir at bir komutanı, bir komutan bir orduyu, bir ordu bir ülkeyi kurtarır

"Resûlullah şöyle buyurdu: "Zalim de olsa mazlum da olsa kardeşine yardım et." Bunun üzerine birisi, "Ey Allah'ın Resûlü! Eğer mazlum ise yardım ederim, ancak zalimse ona nasıl yardım edeceğim?" dedi. Bunun üzerine Resûlullah şöyle buyurdu: "Onu zulümden uzaklaştırırsın veya onun zulmüne engel olursun. İşte bu ona yapacağın yardımdır."

Hadis-i Şerif

EĞİTİM Mİ, CİBİLİYYET Mİ?

Canlı bir kitapsın, yazarı Mevlâ
Açık dur, kitaplar seni okusun.
Yüzünde şavklansın nazarı Mevlâ
Eğilsin mehtaplar seni okusun.

Abdurrahim Karakoç

De ki: "Herkes kendi yapısına uygun işler görür. Rabbiniz, en doğru yolda olanı daha iyi bilir."

İsra/84

Günlerdir padişahın kafasını kurcalayan bir soru vardır: Acaba eğitim mi yoksa cibilliyet mi önemlidir? Gece gündüz bu soruyu kendi kendine soran padişah bir türlü tatmin edici bir cevap bulamaz.

Bazen eğitimle en düzeysiz insanların bile adam olacağına kanaat getirir, bazen de tam tersine bir insanın karakteri ne ise onun değişmeyeceğine, insanın her zaman mayasının gereğini yapacağına inanır.

Padişahın bu soruya cevap araması aslında boşuna değildir. Devlet idaresini emanet edeceği memurları ve yöneticileri seçerken eğitime mi yoksa cibilliyete mi önem vermesi gerektiğini bilmek ister. Bu konuya epeyce bir kafa yorduktan sonra eğitimle birçok sorunun aşılabileceğine kanaat getirir. Ancak yine de kafasında hâlâ bir takım soru işaretleri bulunmaktadır. Bunları gidermek için baş vezirini huzura çağırtır ve ona sorar:

-"Vezirim söyle bakalım, eğitim mi önemlidir yoksa cibilliyet mi yani karakter ve maya mı?"

Vezir, doğrusu bu konu üzerinde daha önce çok fazla düşünmüş değildir. Bir çırpıda:

-"Cibilliyet padişahım." der.

Padişah, ona eğitimin daha önemli olduğunu ispat edebilmek için bir plan hazırlar. Önce tellalı çağırtıp ülkenin en iyi hayvan terbiyecisini bulmasını ister. Tellal emredildiği üzere padişahın talebini halka ilan eder:

-"Ey ahali duyduk duymadık demeyin! En iyi hayvan terbiyecisine yüz kese altın verilecektir."

Ülkenin en iyi hayvan terbiyecisini bulan görevliler onu padişahın huzuruna getirirler. Padişah sorar:

-"Bir kediye tepsiyle servis yapmasını ne kadar zamanda öğretebilirsin?" Hayvan terbiyecisi:

-"Altı ayda öğretebilirim padişahım." Karşılığını verir. Padişah:

-"Sana altı ay süre, al bu kediyi eğit." der.

Altı ay geçtikten sonra padişah, vezirlerini ve devlet adamlarını huzuruna toplar. Hayvan eğiticisi ve kedi de orada hazır bulunmaktadır. Terbiyecinin talimatı ile kedi tepsiyi alıp servis yapmaya başlar. Kedinin bu yaptığını görenler şaşar kalırlar.

Padişah, vezire eğitimle nelerin başarılabileceğini göstermenin keyfi ile bir kez daha sorar:

-"Eğitim mi önemlidir yoksa cibilliyet mi?"

Vezir bu sefer cevap vermekte acele etmez. Cebinden bir fare çıkartıp kedinin önüne bırakır. Kedi aldığı altı aylık eğitimi unutup fareyi kovalamaya başlayınca bu sefer vezir:

-"Cibilliyet önemlidir padişahım." der.

Birinci Pencere:

Yüreğinde el değmemiş aşkları barındıran, sevdaları en derinliklerinde saklayan kâğıdın hikayesidir bu. Her değdiğinde bağrına kalem denilen sihirli ok, alır benliğini, başkalaştırır, mana katar hayatın soğuk soluk benzine. Mağrur bir edayla nakış nakış dokur her bir harfi gelin misali kâğıdın gergefine. Her hece her cümle değersiz denilen boş sayfaları mühürler sevda sözleriyle. Kalem ve kâğıdın aşkına tanık olursun. Dünyayı dize getirir sanırsın bu iki sevdalıyı. Lakin bir rüzgâr taşır kıvılcımı gönül hârının korundan. Buz gibi susarsın aşkın narında.

Ey ağaç! Söyle şimdi; değiştim, dönüştüm, başkalaştım zannetsen de kalem ve kâğıt bağrında taşımıyor mu kendilerini yok edecek alevleri? Aslını unutursan aldanırsın, yok olursun.

İkinci Pencere:

Nefis insanı dünyaya bağlar. Geçici olana meylettirir. Ona yaratıcının biçtiği rol budur. Kul hayat boyu nefisle imtihan edilir. Nefsini terbiye edip kontrol altına alırsan ne âlâ, aksi takdirde vay başına gelenlere!

Derler ya hani hiç kimse sınanmadığı günahın kahramanı olamaz. Çünkü nefis her an cibilliyetinin gereğini yapar da ondan. Çevremizde nice yürekli (!) insanlar biliriz; ben şunu yapmam, ben o yanlışa düşmem diyen. Bakarsınız daha ilk sınanmada nefsin sillesini yemiş tepetaklak yuvarlanıp gitmiş.

Onun içindir ki manevi terbiyenin özü nefis terbiyesidir.

Ne güzel söylemiş halk irfanı: "Ne oldum deme ne olacağım de!"

Nefis atına binenin varacağı yer kör karanlıktır!

Üçüncü Pencere:

Okuyana adam oldu dediler. Oysa zaten adamdı, okudu; okumuş adam oldu. Kimileri okudu, okudu ama adam olamadı. Okumayla adam olunsa onlar olacaktı. Kimileri ise ne mektep gördü ne medrese… Okumadılar ama hep adamdılar.

İnsan eğitilir dostum hayvan da eğitilir. Ama özünde insan insan, hayvansa yine hayvan.

"Allah indinde, dindarlığı ve salih ameli dışında hiç kimsenin hiç kimseye üstünlüğü yoktur, kişinin kötü hareketli, dili bozuk, cimri ve korkak olması kötülük olarak ona yeter, ırkçılığa çağıran bizden değildir, ırkçılık için savaşan bizden değildir, ırkçılık üzere ölen bizden değildir."

Hadis-i Şerif

ALDATIRKEN ALDANMAK

Sen dünyâ-perest oldun,
Nefsin ile dost oldun,
Sanma dirisin, öldün,
Tövbeye gel, tövbeye.

Göçer bu dünyâ kalmaz.
Ömür pâyidâr olmaz,
Son pişman, assı kılmaz
Tövbeye gel, tövbeye.

Eşrefoğlu Rumi

"Bunlar Allah'ı ve müminleri aldatmaya çalışırlar. Oysa sadece kendilerini aldatırlar da farkında değillerdir."

Bakara/9

Köylünün biri, ineklerinin sütünden tereyağı yapardı. Her gün tereyağının bir kilosunu kasabadaki fırıncıya satardı. Aldığı paranın bir kısmıyla fırıncıdan bir ekmek alır, köyüne dönerdi. Bir gün fırıncı köylüye çıkışmaya başladı:

-"Ben, sana güvenerek getirdiğin yağları hiç tartmadan aldım. Müşterilerime sattım. Oysaki sen yağları eksik tartıyormuşsun. Seni şikâyet edeceğim." Köylü, yağları kendisinin tarttığını, hepsinin de bir kilo olduğunu söyledi. Fırıncı, köylünün o gün getirdiği yağı tarttı, yağ bir kilodan azdı. Fırıncı, köylüyü mahkemeye verdi. Fırıncıyı dinleyen kadı köylüye dönerek:

-"Sen bu adamı aldatıyormuşsun. Tartıda haksızlık yapıyormuşsun, doğru mu?" dedi. Köylü:

-"Sayın kadı! Ben fırıncıya her gün bir kilo yağ veririm, alacağım paranın bir kısmıyla kendisinden bir ekmek alırım. Köydeki terazimin gramları çoktandır kayıp. Ben, gram olarak fırıncının bir kilo diye verdiği ekmeği kullanırım. Eğer fırıncının ekmeği bir kilodan azsa benim yağım da az olur.

Fırıncı birden telaşlandı. Davasından vazgeçmek istedi. Kadı kabul etmedi. Fırına adam gönderdi. Birkaç ekmek getirtip tarttı. Ekmeklerin hepsi bir kilodan azdı. Köylü davayı kazanmış, fırıncının hilesi ortaya çıkmıştı.

Birinci Pencere:

Başkaları, başkaları yine başkaları...
Söylerken aldandık işte bu şarkıları!
Ne ekersen onu biçersin insanoğlu!
Ne zaman öğreneceksin vermeden alamayacağını?
Hep daha fazlasına dikmiş olsan da gözünü,
Nasibin kadarına malik olacaksın.
Ekmediysen gençlik baharında,

Eline ne geçecek ömrünün yazında?
Geçiyor bak yıllar yıldırım hızında,
Dünya zindanında belki günah batağında…
Neyi görmeyi umut ediyorsan ahiret yurdunda?
Dünya hanında yaşamadıysan Allah yolunda,
Görme kendini cennet sarayında, peygamber sancağında.

İkinci Pencere:

Kuş kafesten çıkınca geri dönmez. Güven de böyledir. Sahip olmak itina ister, dikkat gerektirir. İnsanlar arasındaki dirliğin, düzenin, huzurun omurgasını güven oluşturur. Birbirine güvenen insanların bulunduğu ortamda huzur vardır, sevgi ve saygı vardır. Güvensiz ortam bozkıra benzer. Altında nefeslenecek ağacı bile olmaz.

Üçüncü Pencere:

Aldatmaya kalkarsan aldanırsın dostum. Üç kuruş fazla kazanmak için hileye başvurursan ahiret akçesini kaybedersin. Öldükten sonra yanında götüremeyeceğin hiçbir şeye tamah etme. Haramın temeli olmaz. Sen haramdan bina yapmaya kalkarsan bina çöker altında kalırsın.

Ebû Hüreyre'den rivayete göre, Resulullah (sav.) bir buğday yığınına uğradı elini yığına daldırınca eline ıslaklık geldi. Bunun üzerine:

-"Ey bu yığının sahibi, nedir bu durum?" dedi. Adam:

-"Ey Allah'ın Resûlü! Gökten yağmur isabet etmiştir." dedi. Resûlullah (sav.):

-"Islak olan kısmı müşterinin görmesi için yığının üzerine çıkarmanız gerekmez mi?" Sonra şöyle devam etti: "Her kim aldatırsa bizden değildir."

Hadis-i Şerif

ELLİ YILLIK KİBARLIK

Cihanı hiçe satmaktır adı aşk
Döküp varlığı gitmektir adı aşk
Elinde şükkeri ayruğa sunup
Ağuyu kendi yutmaktır adı aşk

Eşrefoğlu

> "Kendileri ile huzur bulasınız diye sizin için türünüzden eşler yaratması ve aranızda bir sevgi ve merhamet var etmesi de onun (varlığının ve kudretinin) delillerindendir. Şüphesiz bunda düşünen bir toplum için elbette ibretler vardır."
>
> **Rum/21**

Yaşlı bir çift, evliliklerinin ellinci yılını kutluyordu. Kahvaltı yaparken kadın içinden, "Elli yıl boyunca hep kocamı düşündüm ve ekmeğin kabuklu kısmını sever diye ona verdim. Bugün, bu tadı ben tatmak istiyorum." diye geçirerek ekmeğin kabuklu kısmına kendisi için yağ sürdü ve diğer kısmını kocasına verdi. Kocası çok mutlu oldu, karısının elini öpüp ona şöyle dedi: "Sevgilim! Bana günün en büyük mutluluğunu verdin. Elli yıl boyunca ekmeğin en sevdiğim yumuşak kısmını yiyemedim. Hep çok sevdiğin için o kısmın senin olmasını istedim."

Birinci Pencere:
Seneleri su misali aynı kaptan içen
iki farklı yüreğe sormak gerek:
Aşk ne demek?
"Ben" demeden önce sevdiğim diyebilmektir,
diyecek.
Fedakârlık yol azığı edilecek;
lâkin biri feda ederken her şeyi,
diğeri kâr etmeyecek!

İkinci Pencere:
Sevmek fedakârlık demektir. Sevmek sevdiğin için vazgeçmek demektir. Sevgi sınanır. Sınamadan geçmeyen sevgi lafta kalır. Yaratıcı bizi en sevdiklerimizle sınamıyor mu? Sormamız lazım kendimize: Seviyorum, derken sevdiğimiz için nelerden vazgeçmeyi göze alıyoruz? Seven "ben"den vazgeçermiş, biz kendi isteklerimizi sevdiğimizin

isteklerinden ne kadar önde yahut arkada tutuyoruz? Günümüzde ilişkiler "ben" üzerine kurulu. Benim param, benim evim, benim arabam, benim ailem diyerek çıkılan yolda yaya kalıyoruz. Sevgi değil çıkarlarımız öne çıkıyor. Sevgi adıysa makyaj sadece. En küçük sarsıntıda darmadağın oluyoruz.

Ne mutlu sevdiği için önce sen diyene!

Üçüncü Pencere:

Aşk üç harf; yazması kolay, okuması kolay. Yazdın ve okudun haydi tanımla bakalım, anlat nedir aşk? Hangi tarife sığar, hangi dilde daha iyi ifade edilir? Nedir aşk? Aşkın uğruna ondan vazgeçmek mi yoksa aşkın uğrana kendinden vazgeçmek mi? Mutlu olmak mı, onun mutluluğu ile mutlu olmak mı?

"Sizin en hayırlınız eşine karşı hayırlı olanınızdır. Ben sizin içinizde ailesine karşı en hayırlı davrananınızım."

Hadis-i Şerif

İBADET DE GİZLİ KABAHAT DE

O yüz, her hattı tevhid kaleminden bir satır;
O yüz ki, göz değince Allah'ı hatırlatır...

Necip Fazıl Kısakürek

"Ey iman edenler! Zannın birçoğundan sakının. Çünkü zannın bir kısmı günahtır. Birbirinizin kusurlarını ve mahremiyetlerini araştırmayın. Birbirinizin gıybetini yapmayın. Herhangi biriniz ölü kardeşinin etini yemekten hoşlanır mı? İşte bundan tiksindiniz! Allah'a karşı gelmekten sakının. Şüphesiz Allah tövbeyi çok kabul edendir, çok merhamet edendir."

Hucurat/12

Hz. Ömer, bir gece Abdullah bin Mesud'la birlikte şehri dolaşmaya çıkmıştı. Bu onun mutat faaliyetlerinden biriydi. Şehrin güvenliğini bizatihi kontrol eder; aç, açık, çıplak, dertli, hasta kim varsa onların yardımına bizzat koşar; şikayetleriyle bizzat ilgilenirdi.

İbn-i Mesud'la epey dolaştıktan sonra içerde ışık yanan bir eve rast geldiler. Vakit gece yarısıydı ve şehirde ışık yanan bu evden başka da ev yoktu. Bu durum Hz. Ömer'in merakını celbetti. İbn-i Mesud'a yolda beklemesini söyleyerek evin bahçe kapısından içeri girdi ve pencereye yaklaştı. İçerde bir masanın başına ihtiyar bir adam oturmuş, mum ışığı altında içki yudumlamaktaydı. Gördüğü manzara Hz. Ömer'i kızdırmıştı.

İhtiyar bir adamın, Allah'ın kesinlikle yasakladığı böyle bir işi yapmasını çok çirkin bulmuştu. Derhal açık pencereden içeri girdi ve ihtiyara şiddetle çıkışmaya, yaptığı bu işin çok çirkin ve kötü bir şey olduğunu söylemeye başladı.

İhtiyar, Hz. Ömer'in bu hiddetine şu karşılığı verdi:

-"Ey müminlerin emiri, evet benim bu yaptığım kötüdür. Ne var ki ben buna alıştım. Bir türlü kurtaramadım kendimi. Bu yüzden ailemden ve insanlardan gizli gizli içiyorum fakat senin yaptığın, benimkinden çok daha kötü ve günah değil mi? Çünkü müminlerin hallerini tecessüs ve araştırma Allah tarafından yasak edildiği halde, sen benîm gizli ahvalimi araştırdın. Üstelik evime de kapıdan izin alarak değil, pencereden izinsiz girdin.

İhtiyarın bu ikazını duyunca Hz. Ömer, yaptığı hatayı anladı ve oradan ağlayarak çıkıp gitti.

Giderken de kendi kendine şöyle söyleniyordu:

-"Rabb'in affetmezse helak oldun Ömer! Bu adam yaptığını ev halkından ve sair insanlardan gizleyerek yapıyordu. Şimdi ise nasıl olsa halife gördü diye alenî olarak işlemeye başlayacak, daha fazla günaha girecek."

İhtiyar bir müddet Hz. Ömer'in meclisine gelmedi, ortalıklarda görülmedi. Nihayet bir zaman sonra, gizlene gizlene halifenin bulunduğu meclise girip arka sıralardan birine oturmak istedi, Hz. Ömer onu görür görmez:

-"O ihtiyarı bana getirin." diye emretti.

Adamı Hz. Ömer'in yanına yolladılar. Adam, Hz. Ömer'in gördüklerini herkese anlatacağı korkusu içinde çekine çekine yanına yaklaştı.

Hz. Ömer, ihtiyarın elinden tutup yanına oturttu ve kulağına eğilerek:

-"İyi dinle, dedi. Hz. Muhammed'i (sav) resul olarak gönderen Allah hakkı için, o gece gördüklerimi kimseye anlatmadım. Hatta o gece yanımda olan İbn-i Mesud bile meseleyi bilmiyor. Hakkını helal et bana olur mu?"

İhtiyar, Hz. Ömer'in bu sözlerine sevindi. O da halifeye şu cevabı verdi:

-"Ey müminlerin emiri, sen de iyi dinle! Allah'a yemin ederim ki ben, o günden beri ağzıma bir damla bile içki koymadım. Derhal tövbe ederek içkiyi bıraktım."

Şimdi sevinme sırası Hz. Ömer'deydi. İhtiyarda gördüğü durumu kimseye anlatmamakla ne iyi ettiğini, böylelikle bir kişinin ıslahına sebep olduğunu düşünerek yüksek sesle:

-"Allahu ekber!" dedi. Fakat huzurundakilerin hiçbirisi, bu tekbirin manasını anlayamadı.

Birinci Pencere:
Almışız elimize bir ayna,
Tutuyoruz karşılaştığımız her insana.
İstiyoruz ki,
Acınası hallerini bir görsünler,
Hatalarını düzeltsinler,
Kendilerine gelsinler,
Daha ne kadar sürecek bu hâl?
Aynaya bakmaya en çok senin ihtiyacın var!

İkinci Pencere:
Gece gibi ol dostum, ört kardeşinin ayıbını. Ortalığa ifşa etme. Bir fırsat ver, onu dönülmez bir yola sokma. Kalplerde olanı Allah bilir. Belki ayıplı ayıbından pişman olur, tövbe eder. Ayıp ortalığa saçılırsa yüz karası olur, ayıplı ayıbından dönse bile toplumun zihninde dönüşü değil, yüz karası kalır. Ayıp ararsan önce kendine bak. Kendin kâmil oldun mu ki başkasında kusur ararsın?

Üçüncü Pencere:
Atalarımız dinlerinden aldıkları mesajları kendi dillerinde öyle güzel ifade etmişlerdir ki fazla söze hacet kalmaz: "İbadet de gizli, kabahat de!" Her güzel ilkenin yozlaştırıcısı, kötüye kullanıcısı mutlaka olur. Bu söz de zaman zaman yanlış yorumlanmaktadır. Ancak sözün esası şudur: İnsan ibadetlerini riyadan uzak yapmalıdır. Alkış, övgü nefsi kabartır. Farzlar dışındaki ibadetlerin gizli yapılması, yani tenhada yapılması öğütlenir.

Ferdi kusurların toplumun gözü önünde yapılması, kötünün yayılmasına, reklamının yapılmasına ve toplum tarafından normal karşılanmasına zemin oluşturacağından uygun görülmemiş; hatta kötü bir davranış olarak değerlendirilmiştir.

Kişi, ben alkol kullanıyorum, bir başkası görüp o da benden etkilenerek kullanmasın diye düşünmeli, "Allah'ın bildiğini kuldan niye saklayayım!" dememelidir.

Yapan açısından durum böyleyken duruma tanıklık eden açısından da aynıdır. Ferdi kabahatleri gören kişi, ortaya döküp saçma yerine, yapabiliyorsa yanlışı, gerek yetkisini ve gücünü kullanarak gerekse anlatarak ortadan kaldırmalıdır. Yoksa "Allah ıslah etsin!" diye dua edip çöplük karıştırmamalıdır.

Güzel bir söz vardır: Faydalıyı yetiştirmek gerek, dikenler ekilmeden ürerler.

En kötü şey; kötünün, yanlışın, günahın toplumda normal karşılanmaya başlamasıdır.

Said Nursî hazretleri ne güzel demiş: "Batılı tasvir safi zihinleri idlâl eder."

"Müslüman kardeşinin ayıbını ve kusurunu örten kişi, ölü birini diriltmiş gibidir."

Hadis-i Şerif

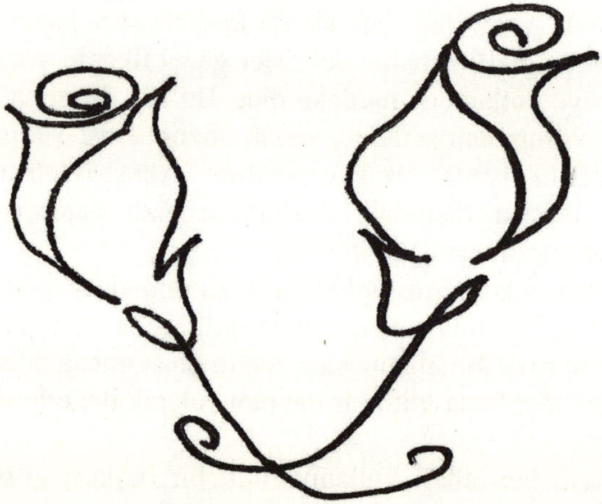

DOĞRU ÖLÇÜ NEDİR?

Sufilere sohbet gerek,
Ahilere ahret gerek,
Mecnunlara Leyla gerek,
Bana seni gerek seni.

Yunus Emre

"Nefse ve onu düzgün bir biçimde şekillendirip ona kötülük duygusunu ve takvasını (kötülükten sakınma yeteneğini) ilham edene ant olsun ki, nefsini arındıran kurtulusa ermistir."

Şems/7-9

Krallardan biri bir sufiye sormuş: "Benim hangisini yapmam daha doğrudur: Halkımın bilgisini arttırmak mı yoksa onlara daha çok yiyecek dağıtmak mı?"

Sufi şöyle cevap vermiş:

-"Neden bilgi? Kişi onu alacak durumda değilse sizden nefret eder eğer onu takdir edebilecek biri değilse, faydasız bulacaktır. Onu elde ederken gururu kabaracak biri ise size olan saygısı azalacak, onu anlayacak durumda değilse sizi tenkit edecektir.

Yiyecek niye? Eğer çok yerse güçten düşer ve hastalanır. Eğer kendisini şımartmak istediğinizi düşünürse size karşı dolap çevirir. Eğer daha fazla elde edebileceğine kanaat getirirse ayaklanır, kargaşa çıkarır. Bırakın, herkes kendiliğinden ne kadar elde edebiliyorsa onu elde etsin. Doğru ölçü budur."

Birinci Pencere:

İhtiyacın ne? Bilgi mi, sevgi mi, başarı mı, güç mü, para mı, iman mı daha başka bir şey mi? İhtiyacın varsa muhtaçsın dostum. İhtiyacın ne olduğunu muhtaçtan daha iyi kim bilebilir? İhtiyacın için ihtiyacın ölçüsünde çalışıp çabalamalısın.

İkinci Pencere:

Kâinatın sultanı düşüyor iklimime, takılıyor zihnim,

"Hiç kimse el emeğiyle kazandığından daha hayırlı bir lokma yememiştir." deyişine,

Kalksın çabalasın isteyişine.

Demek insanın çabası ile orantılı huzuru,

Yorgun olsan da varıyorsun lezzetine.

Üçüncü Pencere:

İnsanlar kabiliyetleri ve imkânları ölçüsünde bir şeyler kazanırlar. Hür bir iradesi var insanın; çalışacak, gayret edecek. Elde ettikleriyle dünya hayatında geçimini temin edecek. Elde ettiğini nereden ve nasıl elde ettiğinden de hesaba çekilecek. Yani imtihan edilecek.

Toplumları yönetenlerin vazifesi, insanların can ve mal emniyetlerini sağlamak, çalışma hayatlarını düzenlemek ve aralarında adaletle hükmetmektir. Böyle olunca insanlar, kendilerine verilen kabiliyetler ölçüsünde üretirler, gelişirler ve hayatı kolaylaştırırlar.

"Hiç kimse el emeğiyle kazandığından daha hayırlı bir lokma yememiştir."

Hadis-i Şerif

SÖZÜN AĞIRLIĞI, SESİN HAFİFLİĞİ

Dost elinden gel olmazsa varılmaz,
Rızasız bahçenin gülü derilmez,
Kalpten kalbe bir yol vardır görülmez,
Gönülden gönüle gider.

Neşet Ertaş

> “Yürüyüşünde tabii ol. Sesini alçalt. Çünkü seslerin en çirkini herhalde eşeklerin sesidir!”
>
> **Lokman/19**

İslâm âlimlerinden biri talebeleriyle Basra kıyısında gezinirken deniz kenarında birbirlerine öfke ile bağıran bir aile görür. Talebelerine dönüp:

-“İnsanlar neden birbirlerine öfke ile bağırırlar?” diye sorar. Talebelerden biri:

-“Çünkü sükûnetimizi kaybederiz.” deyince âlim:

-“Ama öfkelendiğimiz insan yanı başımızdayken neden yüksek sesle konuşuruz? O kişiye söylemek istediklerimizi daha alçak bir ses tonu ile de duyurabilecek ve demek istediklerimizi rahat aktarabilecekken niye avazımız çıktığı kadar boğazımızı yırtarak bağırırız?” diye tekrar sorar. Talebelerden ses çıkmayınca anlatmaya başlar:

-“İki insan birbirine öfkelendiği zaman, kalpleri birbirinden uzaklaşır. Bu uzak mesafeden birbirlerinin kalplerine seslerini duyurabilmek için bağırmak mecburiyetinde kalırlar. Ne kadar çok öfkelenirlerse arada açılan mesafeyi kapatabilmek için o kadar çok bağırmaları lazım gelir.

Peki, iki insan birbirini sevdiğinde ne olur? Birbirlerine bağırmak yerine sakince konuşurlar çünkü kalpleri birbirine yakındır, arada mesafe ya yoktur ya da çok azdır.

Peki, iki insan birbirini daha da fazla severse ne olur? Artık konuşmazlar, sadece fısıldaşırlar çünkü kalpleri birbirlerine daha da yakınlaşmıştır. Bir süre sonra konuşmalarına bile lüzum kalmaz, sadece birbirlerine bakmaları yeterli olur. İşte birbirini hakiki olarak seven iki insanın yakınlığı böyle bir şeydir.” Âlim daha sonra talebelerine bakarak şöyle devam eder:

-“Bu sebeple tartıştığınız zaman kalplerinizin arasına mesafe girmesine müsaade etmeyin. Aranıza mesafe koyacak sözlerden uzak durun.”

Birinci Pencere:

Büyük hayal kırıklıkları tsunamiyi aratmayan öfke dalgalarını getiriyor ardından. Buz gibi yalnızlığı hissediyor insan ve avaz avaz yalnızlığı tadıyor. Her çığlık bir yalnızlık mahsulü... Var olma, kendini gösterme gibi çabaların bir yolu gibi görünüyor bağırışlar. Oysa bağırınca daha fazla var olmuyorsun yok sayıldığın dünyada ya da daha üst perdeden konuşunca daha doğru sayılmıyor cümleler!

Kalp sükûnete âşık ve sakin kalmayı becerebildiğimiz ölçüde kıymet alıyor sözlerimiz.

Dingin bir kalp daha sağlam iletişime kapı aralıyor.

Fikrimiz, söyleyeceklerimiz ne kadar değerli ise o derece artıyor sükûnetimiz.

Öyleyse niçin bağırıp durduğumuzu düşünmeliyiz ne demişler: "Zerzevatçı bağırır, sarraf bağırmaz. Eskici bağırır, antikacı bağırmaz."

İkinci Pencere:

Sözün ağırlığı yoksa sesin ağırlığı işe yaramaz. Söz kalbe, ses kulağa gider. Kalbe gitmeyen söz, sesten ibaret kalır.

Sözün tesiri samimiyette gizlidir. İki şeyde sihir vardır: Biri söz, diğeri göz. Sözde sihir vardır çünkü sevdiklerimiz uzakta olunca "Sesini bir duysam..." deriz. Göz de sihir vardır çünkü seven önce sevdiğini görmek ister.

Sevgi, sohbetle ve gözle akseder muhataba. Ne demişler gönülden gönle bir yol vardır. O yolu bulanların konuşup anlaşması diye bir şey söz konusu olamaz. Onlar hâl diliyle köprü kurarlar ve o köprüden gelip giderler birbirlerinin dünyasına.

Kalpler yakınlaşırsa muhabbet hâsıl olur. Kalpleri yakınlaştırıp oradan sevgiyi var edene hamt olsun.

Boş konuşmak cahillerin işidir. Bilen insan doğru konuşur, haklı olan hakkı savunur.

Sözün muhatapta karşılık bulması onun anlayışı kadardır. Cahillerle tartışmak seviyeyi düşürür. Onun için ne demişler? "Körle yatan şaşı kalkar." Cahil had bilmez. Haddi olmayanın edebi de olmaz. Edepsize söz tesir etmez.

Üçüncü Pencere:

Öfkesini kontrol edebilmeli insan yoksa öfke insanı kontrol etmeye başlar. Tartışmalar uzar, kavgaya döner; kavga büyür sonu cinayete bile varır. Gönül köprüleri yıkılır; kin, nefret, intikam duyguları gönüllerin arasına aşılmaz duvarlar örer.

Öfke insanı kontrol altına alınca söylenen sözler anlamsızlaşır, tek amaç karşıdakini mağlup etmek olur. Biri bağırır, diğeri daha fazla bağırır. Tartışma böylece sürer girer.

Öfkesini kontrol eden insan, fikrinin dizginlerini elinde tutar. Tartışma, birbirini alt etme yarışına değil uzlaşma arayışına döner.

"Kul bazen içinde ne olduğu belli olmayan bir söz söyler de, o söz sebebiyle ateşin içinde, güneşin doğduğu yer ile battığı yer arasından daha uzak bir derinliğe kayıp gider!"

Hadis-i Şerif

BİR ELMANIN FİYATI

Her insan günah işler, sen'den saklanır mı sır?
Tövbe dilekçesiyle sırttan kalkar bu nasır.

Kâinatı yarattın, donattın, rızk verdin,
Kimine sonsuz körlük, kimine ışık verdin.

"Yanlış adım atmayın!", diye indi her kitap,
Sana açılan eli, geri çevirmezsin Rab.

Bahaettin Karakoç

"Ey insanlar! Yeryüzündeki şeylerin helal ve temiz olanlarından yiyin! Şeytanın izinden yürümeyin. Çünkü o sizin için apaçık bir düşmandır."

Bakara/168

Sabit, dinine düşkün genç bir delikanlıydı. Bir gün dereden abdest alıyordu. Bir de ne görsün? Kıpkırmızı bir elma suda yuvarlana yuvarlana geliyor. Elmayı aldı, "Allah'ım ne güzel yaratmış!" dedi ve ısırdı.

Elmanın tadı daha boğazına gitmemişti ki Sabit'in rengi sarardı, "Eyvah!' dedi. "Niçin ben bu elmayı ısırdım, haram yedim? Sahibinden izin almadım."

Ne yapacaktı şimdi? Gidip sahibini bulmalı, helallik istemeliydi. Sora sora elmanın sahibini buldu. Onun evine yaklaşıp kapısını çaldı. Başından geçenleri bir bir anlattı:

-"Tadı boğazıma kadar giden elmanın hakkını nasıl ödemem gerekiyorsa, söyleyin ödeyeyim ya da hakkınızı helal edin." dedi. Elmanın sahibi:

-"Ederim, ama bir şartla." dedi. Sabit:

-"Hemen söyleyin, ne isterseniz yapmaya hazırım." diye karşılık verdi. Karşısındaki:

-"Çok iyi, üç yıl yanımda ücretsiz çalışacaksın. Sonrasını düşünürüz." dedi. Şart ağırdı ama Sabit kabul etti.

Günleri iple çekti Sabit. Üç yıl bitmişti. Hemen adama koştu:

-"Efendim üç yıl doldu. Artık hakkınızı helal edin!" dedi. Adam güldü:

-"İyi ama hakkımı helal edeceğimi söylemedim ki sonrasını düşünürüz, dedim. Gerçekten de düşündüm. Kararımı verdim. Benim bir kızım var. Kör, sağır, dilsiz, elsiz ve ayaksızdır. Onunla evlenirsen hakkımı helal ederim." Sabit boyun büktü:

-"Peki!" dedi.

Gün geldi, düğün oldu. Sabit, gelini görünce büyük bir şaşkınlık yaşadı. Karşısında dünya güzeli bir kız vardı. Hiçbir sakatlığı da yoktu. Hemen kayınpederine koştu:

-"Bu nasıl olur?" dedi.

Kayınpederi gülümseyerek:

-"Benim kızımın gözü kördür çünkü harama bakmaz. Kulağı sağırdır çünkü haramı duymaz. Dili yoktur çünkü yalan konuşmaz. Eli yoktur çünkü elini harama uzatmaz. Ayağı yoktur çünkü harama gitmez."

Sabit, sevinç içerisinde evine dönerken, "Her musibet altında bir rahmet varmış!" diye düşünüyordu.

Birinci Pencere:

Sabır acıdır ama meyvesi tatlıdır. Sabır, hoşa gitmeyen ve ıstırap veren şeyler karşısında dengeyi bozmadan sakin kalabilmek ve yapabileceklerini yaparak neticeyi beklemektir.

Sabır güzel ahlâkın ağırlık merkezidir; inancın yarısı, huzur ve mutluluğun anahtarıdır, demiş büyükler. İnsan en güzel kazanımları beklenmeyeni beklemekle elde eder. Her anımız sınanmakla geçiyor. Bizim şer gördüğümüz, an geliyor bir güzelliğin kapısını açıyor; hayır gördüğümüz, bir yanlışa sürüklüyor. İnsana düşen sabır gösterip doğru olanı yapmaya gayret göstermektir.

İkinci Pencere:

Hatalar sanma ki sadece yapanı bağlar,
Mevla işlediğin günahını bazen sana,
Bazen evlatlarının ayağına dolar.
"Bir defa geliyorum hayata!" naraları attığın dünya,
Tekme tokat kabre uğurladığında,
Sana sadece amelin ağlar.

Üçüncü Pencere:

Her zorluktan sonra bir kolaylık, zahmetten sonra rahmet, mihnetten sonra kısmet var. Hayır görünende şer, şer görünende hayır var. Kaderine küsme, isyana düşme dostum. Yeter ki sen doğru ol, doğru yolda ol. Er geç hak ettiğini bulursun.

"Şurası muhakkak ki, haramlar apaçık bellidir, helaller de apaçık bellidir. Bu ikisi arasında (haram veya helal olduğu) şüpheli olanlar vardır. İnsanlardan çoğu bunları bilmez. Bu durumda, kim şüpheli şeylerden kaçınırsa, dinini de ırzını da tebrie etmiş olur. Kim de şüpheli şeylere düşerse harama düşmüş olur, tıpkı koruluğun etrafında sürüsünü otlatan çoban gibi ki her an koruluğa düşebilecek durumdadır. Haberiniz olsun, her melikin bir koruluğu vardır, Allah'ın koruluğu da haramlarıdır. Haberiniz olsun, cesette bir et parçası var ki eğer o sağlıklı olursa cesedin tamamı sağlıklı olur, eğer o bozulursa, cesedin tamamı bozulur. Haberiniz olsun bu et parçası kalptir."

Hadis-i Şerif

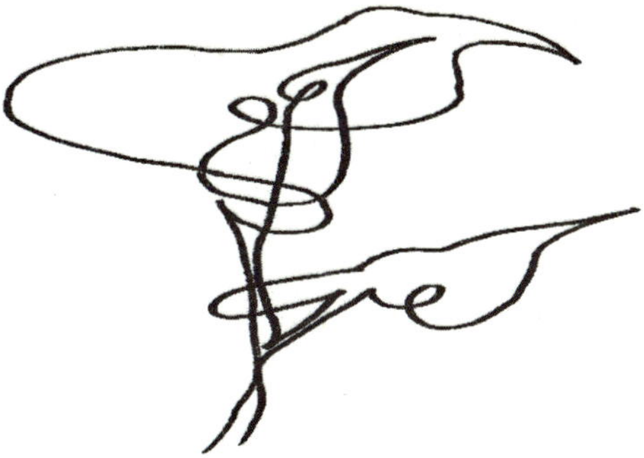

KÖTÜLÜĞÜN SONU

Sohbet etme kötü ile,
Güreş etme katı ile,
Gitme hırsın atı ile,
Sakın hileden tuzaktan.

Aşık Veysel

"Şüphesiz insan çok hırslı ve sabırsız olarak yaratılmıştır."

Mearic/19

Bir adamın bir keçisiyle bir de eşeği vardır. Keçi, "Ona benden daha iyi bakıyorlar. Onu benden daha iyi yediriyorlar." diye eşeği kıskanmaktadır. Bir kurnazlık düşünür, eşeğe:

-"Ne olacak bu senin durumun? Bir değirmen taşına koşarlar, onu çevirirsin; bir arkana yük vururlar, onu taşırsın! Bir gün rahat ettiğin yok. Ben senin yerinde olsam ne yaparım, bilir misin? Bir hendeğin yanından geçerken saralıymışım da saram tutmuş gibi yuvarlanıveririm, belki birkaç gün dinlenirim." der. Eşek, keçinin sözlerine inanır, hendeğin yanından geçerken kendini aşağıya atıverir. Bütün vücudu yara bere içinde kalır. Efendisi hemen bir baytar getirir. Baytar, eşeğin sağına soluna baktıktan sonra:

-"Bir keçi ciğeri bulup kaynatacaksın, suyunu bu hayvana içireceksin; iyileştirmenin başka yolu yok!" der. Adamcağız da eşeği iyileşsin diye keçiyi gözden çıkarır ve vakit kaybetmeden keser. Ciğeri, eşeğine yedirir.

Birinci Pencere:

Dünya etme bulma dünyası. Kötülük eden kötülük bulur, iyilik eden iyilik... İyi insan hem kendine cennet eder bu dünyayı hem çevresine... Kötü insan hem kendine zindan eder hem de çevresine... İyiliğe iyilik et ki iyilik bulasın. Kötülüğe bile iyilikle karşılık ver ki kötü kötülüğünden utansın.

İkinci Pencere:

Kutadgu Bilig'te yazar yöneticilere mutluluğun formülünü verir: İşlerinde adaletle hükmet. Kararlarını istişareyle al, daima bir bilene danış, bilgiyi kullan, elindekilerle yetinmesini bil, yani kanaat et ve akıbetini düşün. Bunca çaba mutlu olmak için değil mi? Oysa çok basit mutlu olmak!

Hayatı çekilmez hâle getiren aç gözlülüğümüz, doymak bilmeyen nefsimiz, ardı arkası kesilmeyen isteklerimiz değil mi? Önce elimizdekilerle yetinmesini bilmek gerek. Başkasının hangi imkânlara sahip olduğundan çok, bizim hangi imkânlara sahip olduğumuz önemlidir. Dikkati kendi üzerimizde yoğunlaştırmalıyız. İstemenin sonu yok. Fıtratı gereği insan hep daha fazlasını istiyor. İsteklerinin esiri olan insanın akıbeti karanlık. Öyleyse önce kanaat ve verilene şükür!

Üçüncü Pencere:

Kalp ne demek bilir misin?
-Dönen şey…
Döner kalbimiz bir iyiye, bir kötüye.
Hangi yöne meylimiz fazlaysa oradan gelir ekmeğimiz,
Çünkü biliriz ki insan kalbinin ekmeğini yer.
Kötülük yapayım derken kendi düğümünü atar darağacında,
İyilikleri asar, veda eder insanlık toprağına.
Kaybettiği can değildir aslında,
Önemli olan değil miydi ki şu fani dünyada,
Bırakmak arkada bir hoş seda.

"İnsanoğlunun bir vadi dolusu altını olsa, bir vadi daha ister. Onun gözünü topraktan başka bir şey doyurmaz."

Hadis-i Şerif

KİRLETEN TEMİZLER

Daima böyledir dünyanın işi,
Kişi ettiğini bulur demişler,
İstersen eylik et istersen kemlik,
Ettiğin başına gelir demişler.

Ruhsati

"Ant olsun, sizden önceki nice nesilleri peygamberleri, kendilerine apaçık deliller getirdikleri halde (yalanlayıp) zulmettikleri vakit helâk ettik. Onlar zaten inanacak değillerdi. İşte biz suçlu toplumu böyle cezalandırırız."

Yunus/13

Hz. Nuh, Cenâb-ı Hakk'ın emriyle bir gemi yaptı. İnanan insanların o gemiye binerek kurtulacağını bildiriyordu. Azgın kavmi ise Hz. Nuh'u dinlemiyor, onunla alay ediyordu.

Onunla alay eden kâfirlere Allah uyuz illeti vermişti fakat onlar bunun sebebini bilmiyorlardı. Onlar gemiyi kirletiyor, ihtiyaçlarını gemiye yapıyorlardı. Gemiyi kirlettikçe de uyuzları artıyordu. Kaşına, kaşına derileri soyulmuştu. Uyuz o kadar hayatlarına musallat olmuştu ki buna bir türlü çare bulamıyorlardı.

Bir gün kâfirlerden biri yine gemiyi kirletmeye geldi. Gemiye pislerken ayağı kayıp kendi pisliğinin içine düşüverdi. Pislik nerelerine bulaşmışsa o bölgedeki uyuz illeti geçti. Baktılar ki gemideki pislik kaşıntıya iyi geliyor, uyuzu geçirtiyor. Bunu duyan kâfirler gemiye akın ettiler.

Pislikleri vücutlarına sürüp kaşıntılarını giderdiler. O kadar çok pislik süründüler ki gemide pislikten eser kalmadı. Daha evvel kirlettikleri tahtaları vücutlarını sürerek temizlediler. Uyuzları geçti, kaşınmaktan kurtuldular.

Birinci Pencere:

Güneşe gözlerini kapayan yalnız kendine gece yapar. Sen gözlerini kapattın diye güneşin karanlığa gömülecek hâli yok ya! Hakikat de böyledir. Onun er veya geç ortaya çıkma gibi bir huyu ve güzelliği vardır.

Kötü; karanlıktır, zulümdür, pisliktir. Hakk'a karşı gelmekse en büyük kötülüktür. Nuh kavmi Allah'a ve Peygamber'e karşı gelmek suretiyle küfre, zulme ve günaha dalmış ve bu sebeple de kendi meydana getirdiği karanlıkta boğulmuştur.

Hakikati perdelemeye; ağızlarıyla, icraatlarıyla Hakk'ın nurunu söndürmeye çalışanlar her devirde olmuştur; kıyamete kadar da olacaktır. Gemi kurtuluşa teşne olanları limanda beklemektedir. Güneş er veya geç iyiler üzerine doğacak, karanlık kötüleri yutacaktır.

İkinci Pencere:

Bizler aynı geminin yolcuları,
Pas tutmuş dünyanın uykudaki çocukları,
Kirleten de içimizden temizleyen de gemileri.
Kula bırakırsan kendine göre dağıtır adaleti,
Oysa yüce Allah'ın kullarına muamelesi,
Hak edene hak ettiğini vermesi.
Ne iz bıraktıysan dünyada,
O yapışacak yakana sonunda.

Üçüncü Pencere:

Hesap her zaman ahirete kalmaz dostum. Şaşar kalırsın. Ummadığın anda ettiğini bulursun; kendi pisliğinde boğulur, etrafa saçtığın çamurla yoğrulursun. "İlahi adalet" der kimileri buna, öyle bir işler ki şaşar kalırsın. Yıktığını yaptırır, yaptığını yıktırır, döktüğünü toplattırır, topladığını yere saçtırır. Şaşar kalırsın!

"Vallahi ben sizin adınıza fakirlikten korkmuyorum. Lâkin ben sizin namınıza dünyanın sizden öncekilere serildiği gibi, size de serilmesinden ve dünya için onların yarıştıkları gibi, sizin de yarış etmenizden, dünyanın onları helâk ettiği gibi, sizi de helâk edeceğinden korkuyorum."

Hadis-i Şerif

ÇAYLAK

Mağrurlar orada olurlar yalan
Kibir imiş yorulup yollara kalan
Eğer yolcu isen köprüyü dolan
Göz göre çamura batmalı değil

Hatayi

> "Ey iman edenler! Bir topluluk bir diğerini alaya almasın. Belki onlar kendilerinden daha iyidirler. Kadınlar da diğer kadınları alaya almasın. Belki onlar kendilerinden daha iyidirler. Birbirinizi karalamayın, birbirinizi (kötü) lakaplarla çağırmayın. İmandan sonra fasıklık ne kötü bir namdır! Kim de tövbe etmezse, işte onlar zalimlerin ta kendileridir."
>
> **Hucurat/11**

Akbaba ile çaylak, güneşli bir yaz günü, beraberce uçmaya başlarlar. Hava berrak, her taraf yeşilliklerle kaplıdır. Etrafı seyrede seyrede yükselirler. Yükseldikçe içlerindeki uçma isteği artar. Epeyce yükseldikten sonra akbaba çaylağa şöyle der:

-"Uzağı benden daha fazla gören bir kuş veya insan olduğunu zannetmiyorum."

Akbabanın bu sözlerinden övünme kokusu alan çaylak:

-"Bu bir iddiadır. İddiayı ortaya atmak kolaydır. Fakat ispatı gerekir. Haydi bakalım, şu ovanın etrafında neler görüyorsun, bana söyle." der.

Akbaba, çaylağın kendisine inanmamasına içerler, "Ona gördüklerimden öyle bir şey söyleyeyim ki, benim gözlerimin ne keskin olduğunu anlasın." diye düşünür ve şöyle der:

-"Eğer sözüme inanırsan, ovanın şu tarafındaki ağaçların yanında bir tanecik buğday görüyorum." Bunu söyledikten sonra gururla çaylağa bakar. Akbabanın bu sözü karşısında çaylak şaşırır. Fakat soğukkanlılığını elden bırakmaz:

-"Pekala, haydi öyleyse, inelim bakalım! Sözün doğru mudur, gerçekten orada bir buğday tanesi var mıdır?"

Birlikte, hızla aşağıya doğru süzülürler.

Akbaba gördüğü buğday tanesinden gözünü ayırmaz, ona yaklaştıkça heyecanı artar.

Çaylak, bir ağaca konarken akbaba buğday tanesine doğru uçmaya devam eder. Akbabanın gördüğü, aslında bir tuzağın buğdayıdır. Akbaba, buğdayı alayım derken tuzağa yakalanır.

Zavallı akbaba, bir buğday tanesi için tuzağa esir olacağını hesap edememiştir. Akbabanın tuzağa tutulduğunu gören çaylak ona şöyle seslenir:

-"Arkadaş, tuzağı göremedikten sonra taneyi görmüşsün bundan ne çıkar?"

Birinci Pencere:

Biliyorum izliyorsun uzaktan beni,
Toy, beceriksiz, heyecanlı çaylak hâllerimi.
Düşüyorum ya bazen ustaca kaldırıp tutuyorsun ellerimi
Farkındayım yavaş yavaş hazırlıyorsun zorlu hayata beni.
Uzun soluklu yolculukta istiyorsun ki örnek alayım seni
Bazen ben de görüyorum kendini beğenmiş hallerini,
Çaylaksak Mevlâ kör eylemedi ya gözlerimi,
Anlıyorum ilmek ilmek işlenen üzerimdeki emeği.
Üç nefeslik ömürde sözün bittiği anlar vardır,
Susarak anlatırsın ya bazı şeyleri,
Suskunluğunun varsa dinleyeni,
Yüreğinde hissedersin sana verilen kıymeti.

İkinci Pencere:

İyi bak dostum! Bak ve gör; gör ve kavra.

Bakmak var, bir de görmek... Her bakan görmez ama her gören bakar. Ne kadar uzağa baktığının ne önemi var, baktığın yerdekileri görmedikten sonra! Asıl olan önünü görmek, adım attığın yerdeki tehlikeyi görmek.

İyi bak dostum, iyi bak!

Üçüncü Pencere:

Çaylak yırtıcı bir kuş türü. Günlük dilde toy, acemi, tecrübesiz, yeni yetme manalarında kullanılıyor. Yeni yetme nefis bir halk söyleyişi. Çok bildim ne oldum delisi, burnu bir karış havada anlamlarını da taşır. Halkın irfan terazisi ince tartar.

Halk irfanı bir taraftan da "Akıl yaşta değil baştadır." diyerek yeni yetmelerin tecrübenin üzerine çıkabileceği gerçeğini de teslim eder. Her şeyi görüntüye, tecrübeye bağlayarak açıklamak yahut yapmak körlüktür.

Bilgi ve teknolojinin hızla geliştiği ve yayıldığı bir devirde hayat, yeni yetmeleri dikkate almayı zarurî hale getiriyor.

Yeni yetme yani çaylaklar bazen gelir; diriltici nefes olur, heyecanı tazeler, bir umut aşılar kuruyan dallarımıza, eskiyen yanlarımıza.

Ben oyumu çaylaktan yana kullanıyorum.

Rasûlullah (sav) şöyle buyurmuştur:
"Allah Teâlâ bana: 'Birbirinize karşı öylesine alçak gönüllü olun ki, hiç kimse diğerine karşı haddi aşıp zulmetmesin. Yine hiçbir kimse, bir başkasına karşı böbürlenip üstünlük taslamasın!' diye vahyetti."

Hadis-i Şerif

DUA

Biz, kısık sesleriz... Minareleri,
Sen, ezansız bırakma Allah'ım!
Ya çağır şurda bal yapanlarını,
Ya kovansız bırakma Allah'ım!
Mahyasızdır minareler... Göğü de,
Kehkeşansız bırakma Allah'ım!
Müslümanlıkla yoğrulan yurdu,
Müslümansız bırakma Allah'ım!
Bize güç ver... cihad meydanını,
Pehlivansız bırakma Allah'ım!
Kahraman bekleyen yığınlarını,
Kahramansız bırakma Allah'ım!
Bilelim hasma karşı koymasını,
Bizi cansız bırakma Allah'ım!
Yarının yollarında yılları da,
Ramazansız bırakma Allah'ım!
Ya dağıt kimsesiz kalan sürünü,
Ya çobansız bırakma Allah'ım!
Bizi sen sevgisiz, susuz, havasız;
Ve vatansız bırakma Allah'ım!
Müslümanlıkla yoğrulan yurdu,
Müslümansız bırakma Allah'ım!

Arif Nihat Asya